**여덟 가지
인생 질문**

여덟 가지 인생 8 인생 질문

Rethinking Success

당신이 원하던 길을 가고 있는가?

J. 더글러스 홀러데이 지음 · 안종희 옮김

마일스톤

이 책을 내가 사랑하고 감탄해 마지않는
라이, 헤이스, 켐페에게 바친다.

오늘을 살라 Carpe Diem.

진정한 발견의 여정은
새로운 땅을 찾는 것이 아니라 새로운 눈을 갖는 것이다.

- 마르셀 프루스트

차례

"모든 것을 얻은 사람의 문제는 계속 도전할 이유를 잃는 것이다."

"벼락부자가 된 사람들은 나에게 그것이 정상적인 것이며 지나갈 것이라고 말한다. 그 말을 들으니 정말 좋다! 샤워를 해야겠다."

"여러 명의 친구들과 오랜 시간을 보내고, 유명한 사람들과 파티를 벌이고, 내가 원하는 건 뭐든지 할 수 있을 때 나는 결코 고립되었다고 느끼지 않았다."

"회사를 매각할 때 가장 신경을 쓴 것은 직원들이 합당한 대우를 받도록 하는 것이었다. 그런데 그들은 지금 나를 증오한다."

마르쿠스 페르손Markus Persson이 트위터에 올린 내용들이다. 그는 서른다섯 살이던 2014년 마인크래프트를 25억 달러에 매각했다. 곧바로 그는 할리우드 언덕에 위치한 650여 평 규모의 맨션을 7천만 달러에 구입했다. 그는 꿈꾸던 삶을 살게 되었다. 당연히 그렇지 않겠는가? 하지만 실제로는 그렇지 않았다. 그가 트위터에서 공유한 정서 상태는 '우울'과 '고독'이었다.

그런데도 우리는 왜 마르쿠스 페르손 같은 사람들을 동경할까? 여러 면에서 그는 간절한 성공의 꿈을 이룬 사람을 대변하기 때문이다. 억만장자가 되면 어떤 일이 벌어질까? 왜 사람들은 남다른 성공을 거두고도 성취감과 행복을 느끼지 못할까? 어째서 성공이 고립, 고독, 불행을 느끼게 만드는 걸까? 성공이 행복을 가져다주지 못한다는 이런 말들은 우리에게 크게 와 닿지 않는다.

그런데 페르손의 경험이 특별한 것은 아니다. 많은 사람들이 엄청나게 성공하고도 인생에는 실패한다. 성공 후 더 큰 목적의식과 의미를 찾지 못해 방황하고 외로움을 느끼는 것이다. 인간은 끊임없이 삶의 의미를 추구하는 존재로, 그것이 없다는 것은 배를 고정시키는 닻이 사라진 것과 같다.

연구에 따르면, 세 가지 조건을 충족한 사람들만이 의미 있는 삶을 산다고 한다. 첫째, 삶에 일관된 의미가 있다. 둘째, 목적에 따라 산다. 셋째, 자신보다 더 큰 무언가에 소속되어 있다.[01] 여기에 나는 네 번째 조건을 추가하고 싶다. '풍성한 인간관계를 유지한다.'

이 책은 성공이라는 개념이 환상이며, 성공을 위해 분투하는 그 일의 끝이 공허하다는 말을 하려고 한다. 역설적이게도, 마르쿠스 페르손의 예처럼 무언가를 추구하는 과정은 그것이 실현될 때보다 더 큰 만족을 준다. 내가 보기에 페르손에게는 지금이 배움의 시간이다. 즉 그는 자기 파괴의 길을 가거나 더 풍성하고 깊은 삶을 발견할 수 있는 갈림길에 서 있다. 대부분의 경우 올라가려면 먼저 내려가야 한다. 아주 강렬한 빛 앞에 서는 것은 무척 불안한 일이다. 그러나 목적을 찾으려면 이 어둠의 순간에 주의를 기울이면서 때가 오기를 기다려야 한다. 잠깐 동안은 진실을 피할 수 있겠지만 언제까지 그럴 수는 없다. 테드에 대해 말해 보자.

내 친구 테드 레온시스Ted Leonsis는 전 세계적으로 엄청난 성공을 거둔 기업가이자 워싱턴 위저즈, 캡스를 포함한 네 개의 프로 스포츠구단 소유주다. 그는 페르손보다 훨씬 더 젊은 나이에 진정으로 중요한 것이 무엇인지 결정할 때 명료함의 순간을 경험했다. 그는 나에게 이렇게 애기했다.

나는 스물일곱 살이던 1984년에 내가 설립한 신생 뉴미디어 기업을 6천만 달러에 팔았네. 얼마 뒤, 종잡을 수 없는 인생이 그렇듯 나는 고장난 비행기를 탔지. 멜버른에서 출발하여 플로리다를 거쳐 애틀랜타에 도착하는 정기 항공편이 비상 착륙을 했지. 다친 사람은 없었지만 랜딩 기어가 제대로 작동할지 불확실한 가운데 30분 동안 공항 주변을 돌다가 연료가 소진

되어 동체 착륙 방법을 찾고 있을 때 나는 정말이지 원치 않는 사실을 인정해야만 했네. '비행기가 충돌하면 나는 행복하게 죽지 못할 거야.'

그 사건은 일종의 심판이자 잠을 깨우는 신호였다네. 나는 돈으로 살 수 있는 모든 장난감을 가졌지. 우스꽝스러울 정도로 젊은 나이에 모든 사람이 아메리칸 드림이라고 믿는 것을 성취했으니까 말이야. 브루클린 출신의 가난한 아이에게 그것은 쉬운 것 같았네. 하지만 나는 행복하지 않았지. 그것이 내 인생에서 가장 중요한 발견이었네.

무릎이 떨리고 구역질이 나오는 것을 참으며 비행기에서 내리는 순간, 나는 행복하고 후회 없는 삶을 살기로 결심했다네. 그날 나는 세상에서 가장 위대한 기회, 곧 삶을 제대로 살 수 있는 두 번째 선물을 얻었다네.

목적과 의미를 발견하는 삶과 그렇지 못한 삶이 있다. 어떤 사람은 '결정적 순간'을 이용해 삶의 궤도를 바꾸지만 어떤 사람은 길을 잃었다고 느낀다. 헨리 데이비드 소로는 이런 삶을 '조용한 절망'이라 했고, 엘리어트는 '공허한 인간'이 될 수 있다며 경고했다.

당신도 이와 비슷한 전환점을 맞이할지 모른다. 다른 사람들은 눈치 채지 못할 테지만 당신은 절실하게 그 공허함을 느낄 것이다. 살아있음과 연결되어 있다는 느낌을 갈망하며 밤늦게 돌아다니고, 모든 사람이 아는 방법을 이용해 고통을 잊으려 노력할 것이다.

사실 우리에게는 선택지가 있다. 계속 공허하거나 삶의 목적과 의미를 발견하기 위해 더 깊이 탐색하거나.

내 말이 멀게 느껴지거나 지나치게 철학적으로 들릴 수 있다. 하지만 이런 생각은 우리 삶에서 많은 부분을 차지한다. 내 친구이자 〈뉴욕타임스〉의 칼럼니스트인 데이비드 브룩스David Brooks는 의미 있는 삶과 공허하게 분투하는 삶의 차이를 선명하게 보여준다. 그는 2014년 3월 테드TED 강연에서 '이력서의 덕목'(우리가 구체적으로 성취한 것들)과 '추도문의 덕목'(장례식에서 사람들이 높이 평가하는 인격의 장점)을 나란히 비교했다.[02] 이 차이는 우리의 행동과 에너지 사용 방법을 조사할 때 유용하다. 성취한 것을 통해 잠시 만족감을 느낄 수 있을지 모르지만 성취가 더 큰 목적과 결부되지 않는 이상 결국 공허해지고 성취감도 느끼지 못한다. 추도문의 덕목들은 우리에게 행복감과 더 큰 선에 이바지했다는 의식을 제공한다. 우리는 이 덕목들을 통해 삶의 의미와 목적을 느낀다.

목적은 삶에 동기를 부여하는 중심적인 목표들로 이루어진다. 목적은 인생의 여러 결정을 이끌고, 행동에 영향을 주며, 목표를 만들고, 방향 감각을 제공하고, 의미를 만들어낸다. 운이 좋으면 목적이 직업과 연결되어 우리는 하는 일에 만족하게 되고 삶의 의미도 발견할 수 있다. 의미는 일반적으로 삶의 중요한 가치와 연관된다. 우리는 자신의 삶이 무언가를 위해 아주 중요하고, 봉사하고 창조하며, 다른 사람과 연결되어 있다고 믿는다.

의미와 목적은 쉽게 정의할 수 있지만 이것이 우리 삶에 어떻게 적용되는지 이해하기는 쉽지 않다. 물론 그것을 유지하는 것도 쉽지 않다. 이 책은 내가 의미 있고 풍성한 삶의 핵심이라고 믿는 여덟 가지 실천 과제를 체계적으로 제시한다.

빠르고 명쾌하게 대답을 제시할 수도 있다. 하지만 스스로 질문하는 훈련을 하려면 여정을 즐기는 법을 알아야 한다. 이것은 응급처방전이 아니다. 내가 보기에, 진정한 의미라는 목적지에 도달하려면 올바른 질문을 숙고해야 한다. 널리 알려져 있듯이, 아인슈타인은 "질문을 결코 멈추지 말라."고 했다. 하버드대 심리학과의 앨리슨 우드 브룩스Alison Wood Brooks 교수도 '왜 질문이 강력한 실천인지'를 설명한다. "모든 질문의 원천은 경이와 호기심, 그리고 즐기는 능력이다."[03] '올바른' 해답을 찾는 과정이 흔히 그렇듯 질문은 선택을 제한하는 대신 가능성의 범위를 확대시킨다.

질문을 통해 탐색 기간이 더 길어지고, 그 과정에서 드러난 단서와 통찰은 우리의 마음과 생각 속에 서서히 스며든다. 대답은 때로 변하지만 유효한 질문은 여전히 남는다. 릴케는 질문과 함께 사는 것이 왜 소중한지 밝혀준다. "풀리지 않는 모든 것을 마음속에 오래 품고 질문 자체를 사랑하려고 노력하라. 이제 질문과 함께 살아가라. 그러면 먼 훗날 당신은 미처 깨닫지도 못한 채 점차 그 해답을 살게 될 것이니."[04]

40년 동안 리더들과 함께 일하면서 그들을 관찰하고 그들의 생각과 관심사를 경청하는 과정에서 나는 의미와 목적을 추구하는 삶을 여덟 가지로 정리했다. 이 교훈은 백악관, 국무부, 골드만삭스의 동료들, 조지타운대학에서 내 수업을 들은 MBA 과정 학생들, 내가 조언한 민간 기업의 최고경영자들, 그리고 더 큰 목적을 찾으려고 분투하는 지도자들과 교류하면서 나눈 심층적인 대화에서 얻은 것이다

이 책의 많은 부분이 연구에 기초하지만 이 책이 제시하는 진정한 가치는 상아탑 속에서 평생을 보낸 학자들의 메시지와는 다르다. 뮤지컬 〈해밀턴〉의 유명한 노래에 나오듯 나는 실제적인 일들이 결정되는 '그 현장에' 아주 가까이 있었다. 최근 수십 년 사이에 등장한 관점과 세계관은 의미 있는 삶의 길을 찾는 데 유용한 다음 실천 과제에 포함되어 있다. 이 과제들은 이론적이기보다는 실천적이다. 이 여덟 가지를 마음에 새기고 삶에 적용한다면 당신의 삶은 물론 일도 형통할 것이다.

여덟 가지 실천 과제는 다음과 같다.

1. 다른 사람의 꿈이나 기대 대신 당신 자신의 이야기를 만들고 그에 따라 살아가라.
2. 당신 주변의 중요한 사람들이 스스로를 잘 돌볼 것이라거나 중요하지 않다고 생각하지 말고 그들과 깊은 관계를 유지하라.
3. 좋은 것을 당연하게 생각하면서 걱정과 문제에만 초점을 맞추지 말고 진심으로 감사를 표현하라.
4. 당신의 삶이 당신이 당한 부당한 행위에 의해 결정된다고 믿는 함정에 빠지지 말고 용서하고 봉사하는 법을 배우라.

5. 다른 사람의 변덕스럽고 주관적인 기준에 의해 자신의 가치를 판
   단하는 대신 당신 스스로 성공과 실패를 정의하라.
6. 안정에서 비롯되는 무기력이 당신의 영혼을 죽이게 하지 말고 당
   신의 삶에서 위험이 주는 유익을 없애지 마라.
7. 삶을 분리하지 말고 통합하여 좀 더 나은 삶을 살기 위해 노력하라.
8. 작고 제한된 자기중심적 세계에 함몰되지 말고 다른 사람들에게
   유산을 남기기 위해 일하라.

이 여덟 가지 핵심 주제에 관한 질문을 스스로 자주 던짐으로써 아
리스토텔레스가 말한 행복, 즉 진정한 성공과 목적이 가득하고 유의미
한 삶을 누릴 수 있기를 기대한다.

성공은 환상이다

　남들보다 조금 이른 나이에 정치와 외교 분야에서 성공을 맛본 나는 다음에 무엇을 할지 찾아보기로 했다. 투자 금융 분야에서 새로운 직장을 찾던 중 맨해튼 중심에 있는 멋진 사무실에서 일하는 모건스탠리 소속의 한 금융인을 만났다. 겉보기에 그는 확실히 성공한 사람이었는데, 그날 그와 나눈 대화가 내 머릿속에 오랫동안 남았다. 한 시간에 걸친 면접을 본 뒤 그는 조심스럽게 입을 열었다.

　"당신은 놀라울 정도로 다양한 경력을 갖고 있습니다. 많은 모험을 하고 탁월한 성과를 거두었군요."

　그는 몸을 앞으로 기울이더니 조용히 말을 이어갔다.

　"나는 감옥에 갇혀 있습니다. 아주 멋진 감옥이지만 그래도 감옥이죠. 나는 커리어를 최우선 순위에 두고 살다가 세 번의 결혼을 망쳤습니다. 아들과의 관계도 멀어졌죠. 모든 것을 가졌지만 덫에 걸려 있는 기분입니다. 어쩌다 이렇게 되었을까요?"

그의 반성은 질문으로 끝을 맺었다.

"어쩌다 이렇게 되었을까요?"

그는 공허감에 시달리며 후회하고 있었다. 그랬다, 그의 성공은 확실한 것이 아니었다.

글로리아 넬룬드Gloria Nelund는 세계 최대 글로벌 자산관리 기업의 최고경영자였다. 그녀의 남편이 샌디에이고에서 특수 장애가 있는 자녀를 돌보고 있는 동안 그녀는 힘든 업무를 감당했다. 그녀는 자주, 그리고 오랜 시간 집을 비웠고, 이는 그녀의 마음을 무겁게 짓눌렀다. 그러던 중 아주 중요한 날이 다가왔다. 글로리아는 자신의 커리어 사상 가장 큰 규모의 협상을 매듭지었고, 변호사와 투자자들은 그녀의 탁월한 능력과 전략에 박수를 보냈다.

하지만 그녀가 협상장을 떠나는 순간 냉엄한 현실이 그녀를 압도했다. 자신이 이룬 최고의 성과를 함께 축하할 사람이 없었던 것이다. 성공을 거두었지만 그녀는 완전히 혼자였다. 그 순간 그녀는 자신의 오늘이 텅 빈 성공이라는 결론을 내렸다. 하지만 그녀는 자신의 감옥에 갇히지 않기로 결심했고, 다음주에 바로 직장을 그만두었다. 그러고는 자신에게 정말로 중요한 일을 병행할 수 있는 직장을 찾았다.

넬룬드와 모건스탠리 금융인의 이야기를 들으며 '얼마나 많은 리더들이 외롭고 힘든 덫에 걸린 듯한 기분이 들까?'라는 생각이 들었다. 이상하게도 우리는 성공하기 전까지는 성공에 대한 환상에서 벗어나지 못한다. 시온 산에 위치한 UC-샌프란시스코 의료센터의 신경학 과장을 지낸 로버트 버튼Robert A. Burton 박사는 이에 대해 실질적인 통찰을 제시한다. "우리는 의미를 상실한 뒤에야 비로소 그것을 깨닫습니다."[01]

그렇다, 우리는 상을 받은 다음에야 그것의 한계를 깨닫는다. 성공과 동시에 실망감을 느끼는 것이다. '가면 현상' 또는 '가면 증후군'이라 불리는 심리 현상이 있다. 심리치료사 폴린 클랜스Pauline Clance는 1985년 처음으로 이것을 "자신의 성취가 과분하다고 느끼고, 그것이 거짓일 가능성이 있다며 걱정하는 태도"라고 설명했다.[02] 이런 태도는 합당한 자격이 없다는 느낌, 공허감, 고독감을 불러일으킨다. 사람이라면 누구나 이런 경험이 있을 것이다.

빛을 잃었는가? ―

조지타운대학에서 MBA 강의를 할 때 나는 학생들에게 불편한 질문을 던졌다.

"여러분의 부모님, 특히 아버지가 빛을 잃었다고 생각하는 사람은 손을 들어보세요."

여기서 빛을 잃는다는 것의 의미를 간단히 설명하자면 진정한 친구가 거의 없고, 어떤 것에도 열정이 없으며, 목적 없이 방황하는 것처럼 보이는 것을 말한다. 절반이 넘는 학생이 손을 들었다. 아마 다른 학생들은 아직은 부모에 대한 신뢰 때문에 손을 들고 싶은 충동을 누르고 있을지도 모른다. 그런 다음 나는 이렇게 덧붙였다.

"내 수업의 목적은 더 나은 삶을 위한 실질적인 도구와 전략을 제시하여 여러분의 자녀가 언젠가 비슷한 수업을 들을 때 손을 들 필요가 없게 하려는 것입니다."

이 말이 끝나고 나면 강의실 안에 갑자기 에너지가 솟구친다. 그들은 일생 동안 빛을 잃지 않는, 찾기 어려운 길을 발견하길 간절히 바라는 것 같은 표정을 짓고 있다.

미국 국가보건통계센터가 발표한 자료에 따르면, 44~64세 사이 남성 자살률은 1999-2014년 사이 43%나 증가했다.[03] 여성과 달리 남성은 자신의 고통과 고립감을 성찰하고 표현하는 능력이 부족하다. 게다가 대부분의 사람들은 존재의 중심에 있는 인간의 깊은 문제를 탐색하는 법을 배우지 못했다. 우리의 정체성은 존재 자체보다 어떤 일을 수행하는 역할과 밀접하게 관련된다. 하지만 그 과정에서 방향 감각을 잃고 종종 형편없는 선택을 하기도 한다.

하버드 경영대학원의 클레이턴 크리스텐슨Clayton Christensen 교수는 학생들 중 자신의 결혼 생활이 깨지고, 자녀와 멀어지고, 자살을 하거나 감옥신세를 질 거라 생각하고 학업을 시작하는 사람은 없다고 말했다. 하지만 바람과 달리 많은 학생들이 가족 관계가 깨지고 홀로 방황했다.[04] 우리는 일단 성공하면 다른 모든 일은 저절로 잘 풀릴 것이라고 생각하는데, 실제 삶은 그렇게 돌아가지 않는다.

미국 공중보건국 최고운영책임자를 지낸 비벡 머시Vivek Murthy는 우리 시대의 핵심적인 건강 위험요인은 비만이나 흡연이 아닌 단연 '외로움'이라고 밝혔다. 2017년 머시는 이렇게 썼다. "오늘날 미국 성인의 40% 이상이 외로움을 느낀다. 연구에 따르면 실제 숫자는 이보다 더 클 것으로 추측된다."[05]

전 하버드 경영대학의 교수이자 현재 댈러스 연방준비은행 총재를 맡고 있는 내 친구 로버트 스티븐 캐플런Robert Steven Kaplan도 자신의 저서《나와 마주서는 용기》에서 그가 알았던 리더들의 특징에 대해 이렇게 썼다. "나는 사람들이 페이스북을 통해 과도할 정도로 연결되어 있거나 트위터 팔로어가 많은데도 심각하게 고립되어 있다는 사실에 계속 충격을 받는다. 내 경험에 비추어 볼 때 잠재력을 발휘하는 데 핵심적인 방해 요소 중 하나는 고립이다."[06]

로버트 풋남Robert Putnam도《나 혼자 볼링》에서 미국 전역에서 사람들 간의 단절이 심화되는 현상을 고발하면서 볼링 리그의 소멸과 교사-학부모간의 상호 협력 단체인 사친회의 저조한 참석률을 사회 조직이 무너져 가는 증거로 보았다. 19세기의 역사가 알렉시스 드 토크빌Alexis de Tocqueville은 신생 미국의 고유한 힘을 관찰하면서 지역 사회와 다양한 집단들을 사회와 국가 역량의 필수 요소로 보았다. 이러한 고립과 단절로의 변화는 실제적이고 긴박하며, 우리가 겪는 의미의 위기와 깊은 관련이 있다.

잉글랜드 서부 에이본 서머셋 경찰지구대의 애슐리 존스Ashley Jones 경사는 사기 피해자가 사기 범죄에 반응하는 태도를 보고 충격을 받았다. 피해자인 할머니는 자신의 친구인 척하는 한 신사에게 매일 전화를 받았다. 그녀는 결국 그에게 설득당해 31,000달러를 보냈다. 경사는 피해자인 할머니에게 왜 사기꾼에게 돈을 주었는지를 물었고, 할머니의 대답에 무척 놀랐다.

"그렇지 않았으면 몇 주 동안 한 번도 다른 사람과 대화를 나누지 못했을 거예요."

맙소사, 너무 서글픈 일이다.

존스 경사는 근무지 주변에 사는 고독한 노인들을 위해 무언가를 하기로 결심했다. 그는 근처 공원에 있는 벤치의 일부를 '수다 벤치'로 지정하고 지역 주민들에게 의자에 잠시 앉아 다른 사람들과 대화를 나눌 것을 권했다. 이 단순한 아이디어는 사람들의 주목을 받았고, 놀라운 결과로 나타났다. 사람들이 연결되기 시작한 것이다. 현재 영국 전역에는 40개 이상의 수다 벤치가 지정되어 있다.[07]

2010년 나는 친구들의 격려에 힘입어 패스노스PathNorth라는 커뮤니티를 조직했다. 성공의 개념에 의미와 인간관계를 포함시키도록 돕는 활동이다. 우리는 정기적으로 모여 '좋은 삶', 곧 목적을 핵심 가치로 포함하는 풍요로운 삶에 대해 토론했다. 패스노스 여행 초기에 한 번은 유럽의 오리엔트 특급열차를 탄 적이 있다. 그날의 여행은 조금

달랐다. 우리는 그것을 '마법의 신비로운 여행'이라 이름 붙이고 마술사들과 동행했다. 그때 우리가 토론하고 경험한 것들은 삶에 지속적인 영향을 미치고 있다. 마술이라는 소재에 분위기를 맞추어 나는 두 가지 질문을 했다.

"우리는 삶에 대해 어떤 환상을 갖고 있을까요?"

"당신이 계속 이해하려고 노력하는 신비는 무엇인가요?"

우리는 깊은 대화를 나누었고, 10년이 지난 지금까지도 서로 깊이 연결되어 있다고 느낀다. 사람들에게는 진정한 인간관계를 확인할 수 있는 참된 공동체를 향한 목마름이 있다. 우리가 진정한 인간관계를 맺고 유지할 때만 성공에 대한 환상에서 벗어날 수 있다.

기꺼이 연약한 모습을 드러내라 ─

20대 중반, 나는 아이오와주 민주당 상원의원인 해롤드 휴즈Harold Hughes를 만났다. 그는 대단히 위압적이었지만 우리는 얼마 지나지 않아 서로 신뢰하는 사이가 되었다. 그는 깊은 바리톤 목소리와 다부진 체격을 가진 당당한 풍채의 사나이였다. 하지만 엄청난 술꾼에 애연가를 넘어 골초였다.

화려한 어휘와 직설적인 대화법을 구사하는 그는 특이한 이력을 가지고 있었다. 과거에 트럭 운전을 했었고, 공식 학력은 짧았지만 36대 아이오와 주지사가 되었고, 그 뒤 미연방 상원의원을 거쳐 마지막에는 대통령 선거에 출마했다. 주지사 선거에 출마할 당시 그는 이렇게 말했다.

"나의 경쟁자들은 내가 음주와 문란 행위로 네 개 주에서 투옥된 적이 있다고 비난합니다. 제기랄, 그것은 거짓말입니다. 나는 여섯 개 주에서 투옥되었습니다."

휴즈는 선거에서 파죽지세로 연승을 거두었다. 왜 그랬을까? 믿기 어려울 정도로 진솔했기 때문이다. 자신의 결점을 있는 그대로 드러내 보임으로써 그는 '보통 사람'이 되었고, 사람들은 그런 그의 모습을 좋아했다. 그는 영화 대본에 나오는 완벽한 정치인이 아닌 피와 살이 있는 평범한 사람으로 대중에게 알려졌다. 대중은 진보 정치에는 반대했을지 모르지만 그의 솔직하고 진솔한 대화법과 정직한 태도에는 열광했다.

상대의 진솔함에 끌리는 것은 당연하다. 사람들은 다른 사람이 완벽하기를 바라지 않는다. 진정성 있고 자신을 드러내는 모습에 끌린다. 오래 지속되고 의미 있는 인간관계의 열쇠는 우리가 있는 그대로의 연약한 모습을 솔직하게 내보일 수 있는 사람들을 찾는 것이다.

우리는 트라피스트수도회의 수도사이자 영성 작가인 토마스 머튼Thomas Merton이 '타인이 인정하는 위대성'이라고 부른 것에 부합하는 삶을 살기 위해 엄청난 에너지를 쓰고 있다. 최근에 한 친구가 나에게 말했다.

"당신의 내면을 다른 사람의 겉모습과 절대 비교하지 마라."

우리 모두는 다른 사람들은 함께 잘 어울리지만 자신은 엉망진창인 외톨이라고 생각하는 것 같다. 이것은 사실이 아니다. 우리에게는 잘 다스려야 할 어두운 면과 악마가 있다.

백악관 보좌관으로 일하던 어느 날, 마더 테레사Mother Teresa가 내 사무실을 방문했다. 이 놀라운 성녀와 대화를 나누려고 간단한 질문을 던졌다.

"마더 테레사로 살아보니 어떤가요?"

그는 잠깐 동안 곰곰이 생각하더니 이렇게 대답했다.

"오래 살수록 내가 어떤 죄라도 저지를 수 있는 사람임을 더 많이 깨닫습니다."

사람들은 이런 상황을 이해하고, 자기 자신에게 진실하기 위해 노력한다.

조지타운대 강의에서 우리가 타인과 공유할 것은 우리의 윤색된 이미지와 성과가 아니라 망가지고 어두운 모습이라고 설명하자 앞쪽에 앉아 있던 한 학생이 재빨리 손을 들었다.

"교수님, 드릴 말씀이 있습니다. 저는 심하게 말을 더듬는 탓에 오랫동안 외톨이로 살아왔습니다. 공부는 잘했지만 친구도 없이 홀로 작은 세계에 갇혀 지냈죠. 대학 2학년 때 저는 더 이상 이렇게 살 수 없다고 생각했습니다. 이런 삶이 내 운명이라면 더 이상 노력할 가치가 없다는 생각이 들었거든요. 그래서 삶을 끝내기로 결심했습니다. 하지만 죽기 전에 전에는 결코 생각해 본 적 없던 일, 제 연약함을 드러내고 싶었습니다. 다른 사람들에게 제가 가진 장애를 그대로 드러내는 것이었죠. 그러자 사람들이 자신의 두려움과 연약함을 나누기 시작했습니다. 교수님, 또 어떤 일이 벌어졌는지 아세요?"

그는 잠시 멈추었다가 말을 이어갔다.

"저는 지금 조지타운대 MBA 과정 학생회장입니다. 정기적으로 사람들 앞에서 연설을 하죠."

학생들은 그의 말에 동의한다는 듯 침묵했다. 나는 학생들이 강의 주제에 집중하는 모습을 보고 말했다.

"그래요, 클라크 군이 아주 놀라운 이야기를 공개했습니다. 두려움과 고립에서 새로운 시작으로 가는 고통스러운 과정이었죠. 여러분은 승리자들입니다. 클라크는 심각한 결점을 드러냈습니다. 클라크의 이야기를 듣고 학적과에 가서 수업을 옮기고 싶은 사람 있나요? 손을 들어보세요."

물론 아무도 손을 들지 않았다. 그런 다음 나는 더 중요한 질문을 했다.

"클라크의 말을 듣고 더 안전하다고 느낀 사람은 손을 들어보세요."

그 말에 모든 학생이 손을 들었다.

우리가 스스로에 대해 혐오하면서 타인에게 감추려는 것이야말로 진정한 인간관계를 만들어주고 공동체에서 서로를 이어준다. 클라크가 그랬듯이 스스로에게 진실하려면 용기를 내 편안한 영역에서 벗어나 다른 사람에게 자신의 모습을 그대로 드러내야 한다. 기꺼이 연약한 모습을 드러내겠다고 결심한 이상 고립된 채 갇혀 있지 않아도 된다.

내 친구 프랜시스 콜린스Francis Collins는 미국 국립보건원 책임자이자 의학계의 독보적인 인물이다. 능력 면에서 그는 명실상부 선도적인 의료인이다. 그는 일찍이 인간게놈 프로젝트를 이끈 공로로 〈타임〉의 표지 모델이 되었다. 이 획기적인 프로젝트를 통해 인간 유전자 지도를 만들었는데, 이것은 의학과 의술을 혁명적으로 바꿀 수 있는 연구였다. 엄청난 책임과 기대를 요구받는 권위 있는 기관을 이끌 때 어떤 느낌이었는지 묻자 그는 간단하게 대답했다.

"과연 내가 이 엄청난 기관을 이끌 자격이 있는지 약간 불안했어. 내가 모른다는 사실을 밝힐 때도 약간 불편했지."[08]

프랜시스 콜린스가 부족하다고 느꼈다면 우리가 스스로 불안을 인정한다고 해서 부끄러워할 필요는 없을 것이다. 게다가 우리는 겸손하고 차분하게 자신의 연약함을 드러내는 사람에게 끌리지 않는가? 반대로 허세나 노골적인 이기심을 보이는 사람에게는 반감과 불신을 드러내지 않는가?

질문할 수 있는 안전한 장소 만들기 ─

인생의 후반기에야 비로소 내가 의미와 목적에 관한 질문에 매료된 것이 약간 이상하다는 점을 깨달았다. 나의 아버지는 일찍부터 내게 "성찰하지 않는 삶은 살 가치가 없다."는 소크라테스의 생각을 알려주었다. 아버지는 무신론자였는데, 미시시피 주 남부의 작은 도시 유니언에서 경험한 종교 행위에 실망한 탓에 이런 관점을 갖게 되었다. 그는 프로이드가 말한 '삶의 수수께끼'를 풀 단서를 찾다가 세상을 떠났다. 19세기의 영국 시인 프랜시스 톰슨Francis Thompson이 쓴 〈하늘의 사냥개〉라는 작품을 보면 인간과 관계를 맺으려는 하나님의 끈질긴 노력이 나오는데, 그 모습을 떠올릴 때마다 하나님과 신앙에 대한 아버지의 복잡한 마음을 보는 것 같다.

제도화된 종교와 신앙에 대한 아버지의 불신은 나의 관점에도 영향을 미쳤고, 그 덕에 나는 그런 곳에서 해답을 찾지 않게 되었다. 그러니 여덟 살 때 내가 예수의 제자가 되겠다고 아버지에게 말했을 때 그의 감정이 얼마나 혼란스러웠을지 상상해보라. 나의 선택을 이해할 수 있는 그의 배경지식은 다른 사람의 행위를 정죄하고 정직한 탐구를 두려워하는 종교 단체에서 겪은 실망스러운 경험이 전부였다.

그럼에도 나는 아버지의 아들이다. 어떤 면에서 나는 여전히 신앙 문제와 의미에 대해 논할 때 아버지의 회의적인 시각으로 문제를 바라본다. 나의 신앙은 오히려 질문을 탐구하려는 열정적인 노력을 강화시켰다.

내 일생의 사명은 참으로 중요한 문제에 대해 정직하게 탐구할 수 있는 안전한 공간을 만드는 것이다. 나는 신앙을 통해 나의 세계를 확장하고, 나와 의견이 다른 사람과 더 열심히 교류하는 것이다. 본의 아니게 나는, 탐구하는 지성을 가졌던 아버지가 환영받을 수 있는 공간을 만들고 있는 중이다. 나의 접근 방법이 특이한 까닭은 의미에 대한 다양한 대화를 통합하는 비전통적인 공간이기 때문일 것이다. 마치 내가 백악관과 국무부, 골드만삭스, 여러 곳의 이사회, 다양한 업계에서 그랬듯이 말이다.

대학 2학년 2학기 때 나는 한 기업가와 함께 의미의 문제에 대해 대화를 나누어 달라는 요청을 받았다. 아직도 그날의 기억이 생생하다. 당시 나는 열아홉 살이었고, 노스캐롤라이나 주 던햄에 위치한 한 청년 단체의 리더였다. 그 대화는 던햄에서 가까운 롤리 지역 출신의 하원의원 부인이 요청한 것이었다. 그녀는 힘든 사춘기를 보내고 있는 자신의 조카를 내가 도와준 것에 대해 과도할 만큼 고마워했다. 그녀는 분명 나의 역할을 과대평가했지만 내 기분은 좋았다.

그녀는 잠시 말을 멈추더니 다른 문제에 대해 물어보았다. 그 지역의 가장 유력한 기업가가 심각한 위기를 겪고 있다고 하며 내게 도와줄 수 있는지를 물었다. 나는 사업가와 만나기로 했지만 아버지뻘 되는 사람에게 무슨 말을 해줄 수 있을지 확신이 서지 않았다.

두 달 뒤, 사업가가 멋진 메르세데스 차량을 타고 나를 만나러 채플힐로 왔다. 그는 조수석에 불편하게 앉아 있는 나에게 자신의 문제를 털어놓았다. 상속받은 엄청난 재산, 실패한 결혼 생활, 자신이 쓸모없는 존재라는 느낌.

시간이 흐른 뒤 나는 그를 바라보며 안타깝게도 더 이상 내가 도와줄 수 있는 게 없다고 어설프게 설명했다. 대화는 실패한 것 같았다.

그때 그는 깊은 절망감에 싸여 자살에 대해 말했다. 우울증에 대해 전혀 알지 못했던 나는 아무런 도움을 주지 못했지만 본능적으로 그에게 생명줄이 될 만한 무언가를 줘야 한다고 느꼈다.

"이것이 우리가 함께하는 마지막 시간입니다. 그래서 드리는 말씀인데, 저와 악수를 하면서 당신이 먼저 저에게 전화하기 전에는 자살을 하지 않겠다고 약속해 주시겠습니까?"

이런 말을 하면서 그 못지않게 나도 충격을 받았다. 그는 동의했고, 악수를 나누고 떠났다. 시간이 흘렀고, 그와의 연락은 끊어졌다.

몇 십 년 뒤 유난히 추웠던 어느 아침, 나는 스키를 타기 위해 베일 지역으로 갔다. 스키장에 도착해 머리부터 발끝까지 옷을 단단히 껴입고 리프트에 올랐다. 나는 잠시나마 추위를 잊기 위해 리프트 옆자리에 앉은 사람에게 말을 걸었다. 대화 도중 상대가 잠시 멈추더니 흥분하며 말했다.

"더그, 너로구나? 맞지? 나야, 나, 아직 살아 있다네."

나는 소스라치게 놀랐다.

우리는 지난 세월에 대해 이야기를 나누었다. 그는 힘들었지만 제 궤도를 찾았다. 그는 그 단순한 악수와 약속이 그를 계속 살게 해주었다고 했다. 사소하고 절망적인 내 몸짓이 그런 영향을 미쳤다는 사실에 엄청 놀랐다.

나중에 나는 그가 나의 특별한 재능에서 별 도움을 받지 못했다는 사실을 깨달았다. 내가 한 일이라곤 그가 자신의 연약함을 드러낼 수 있는 안전한 공간을 만들어준 것이 전부였다. 나는 그의 말을 경청하고 어색한 악수를 나누었다.

때로, 이 암울한 시대에 우리가 다른 사람에게 곁을 내주고 믿어준다면, 어떻게 해서 그런 효과가 나타나는지는 정확히 모르지만 우리는 변화를 만들어낼 수 있다. 나는 이 책을 통해 당신이 그런 사람이 되길 바란다. 스스로에게 어려운 질문을 던지는 과정에서 진정한 목적을 찾을 기회가 찾아온다.

Rethinking Success

당신만의 이야기를
만들어낼 수 있는가?

우리가 해야 할 가장 용기 있는 일은

자신의 이야기를 공유하고, 그것을 통해 자신을 사랑하는 것이다.

— 작가 브렌 브라운Brene Brown

이야기는 의미와 목적이 있는 삶을 보여주는 중요한 표현 방식이다. 자신의 특별한 이야기를 만들어내는 것이 얼마나 의미 있는 일인지 이해하지 못할 경우 자칫 우리는 내 이야기가 아닌 다른 사람의 이야기를 살 수 있다.

피터 버핏Peter Buffett은 지구상에서 가장 부유한 사람의 아들이 되게 해달라고 기도하지 않았다. 하지만 그에게는 그 문제에 관한 선택권이 없었다. 그의 아버지가 억만장자인 워런 버핏Warren Buffett인 덕에 그에게는 많은 문이 쉽게 열렸다. 굳이 묻는다면, 예정된 스탠퍼드대 입학도 그의 실력보다는 아버지 덕분이었다.

어느 날 피터가 퉁명스럽게 던진 말이 나에게 강하게 다가왔다.

"우리는 모두 태어나면서 다른 누군가의 이야기 속으로 들어간다."

피터는 그것을 잘 알았다. 그의 사회적 지위 탓에 사람들은 그에게 큰 무언가를 기대했다. 그는 정해진 경로를 따르고 있었다. 그러던 어느 날 그의 세계가 돌연 바뀌었다. 피터가 대학 2학년 때 그의 아버지가 자신의 세 자녀에게 유산을 물려주지 않겠다고 발표한 것이다. 피터는 더 이상 수십 억 달러를 가진 아버지의 상속자가 아니었다.

그의 반응은 충분히 이해할 수 있는 일이었다. 이제 다시 평가의 순간이 온 것이었다. 그는 불안했다. 그 직후 피터는 어머니로부터 할아버지가 그에게 9만 달러 정도의 유산을 남겼다는 소식을 들었다. 즉시 피터는 아버지의 이야기를 사는 것보다 자신의 이야기를 만들어야겠다고 생각했다.

대학을 그만둔 그는 짐을 꾸려 뉴욕으로 갔다. 그리고 그곳에서 음악 경력을 쌓기 시작했다. 신중하게 관리하면 물려받은 돈으로 2년 정도는 버틸 수 있을 것이라 생각했다. 그 후 그는 뛰어난 연주자 겸 작곡가가 되었고, 케빈 코스트너가 출연한 블록버스터 〈늑대와 춤을〉의 OST 작업에 참여하면서 그래미상을 수상, 실력을 인정받았다. 피터는 자신이 아버지가 정해 놓은 길을 따라갈 필요가 없다는 것을 깨달았다. 피터는 자신의 목소리를 발견했고, 자신의 길을 걸어갔다.

당신은 당신에게 큰 영향을 미친 사람들의 이야기에서 벗어나 당신만의 이야기를 만들어낼 수 있는가? 모든 인간은 성공과 실패를 비롯한 다양한 삶의 주제에 관해 아동기의 영향을 넘어 문화의 영향을 받는다. 그리고 우리는 이런 가치와 삶의 방식을 거의 무의식적으로 받아들인다. 우리가 받아들인 것이 모두 삶에 유익하고 도움이 된다면 더 할 나위 없이 좋겠지만 개중에는 삶에 고통을 주는 것도 많다. 이 경우 행동과 태도를 철저하게 바꾸기 위해서는 위기나 깨달음이 필요하다. 하지만 변화는 쉽지 않다.

샌프란시스코에서 활동하는 디자이너 겸 작가인 엘르 루나Elle Luna는 이 도전 과제를 간결하게 표현한다. 그의 말을 이해하기 위해서는 당위Should와 의무Must의 차이를 먼저 알아야 한다. 당위는 사회와 부모가 주는 메시지이고, 의무는 개인적인 열정, 마음과 관련된 것이다. 루나는 자신의 저서 《당위와 소명의 교차점The Crossroads of Should and Must》에서 이렇게 밝혔다.

"소명은 우리가 이 세상에 존재하는 이유이며, 그것을 선택하는 것이 우리 삶의 여정이다."[01]

당위는 주변 환경, 곧 가족과 문화가 제시하는 메시지로부터 주어진다. 피터 버핏의 당위는 그를 불행한 스탠퍼드대 금융 전공자가 되게 했다. 하지만 그의 소명은 그가 뉴욕으로 가서 음악가의 삶을 살게 했다.

당신은 당신의 이야기가 삶의 방식, 좋아하는 것, 심지어 꿈을 결정하는 것에 이르기까지 얼마나 많은 영향을 미치는지 잘 모를 것이다. 나는 샤워를 한 뒤에 휘파람을 분다. 왜일까? 내 어머니가 그렇게 하는 것을 오랫동안 들어왔기 때문이다. 또한 나는 수집애호가이다. 미술품과 골동품을 좋아하는 부모님과 살아온 덕분이다. 나는 열 살 때부터 오래된 와인 잔을 수집했다.

캐플런은 이렇게 말한다.

"지구상에 있는 모든 사람들은 저마다 고유한 이야기를 갖고 있다. 당신의 이야기는 당신의 감정, 인식, 성격, 가정, 약점, 태도에 강력한 영향을 미친다. 당신의 이야기는 결국 당신의 행동을 설명해 준다."[02]

이야기는 당신의 습관이나 가치관, 호불호만 형성하는 것이 아니다. 그보다 훨씬 더 깊은 영역까지 영향을 미친다. 당신이 쉽게 화를 내고 격분하는 경향이 있다면 그런 행동을 보고 자랐을 가능성이 높다. 누군가를 쉽게 용서하지 못하거나 남을 잘 믿지 않는 성격이라면 일찍부터 그런 사람들을 많이 보며 성장했을 가능성이 크다. 이런 것에 호기심을 갖고 관찰해보라. 그다지 유익하지 않고 때론 파괴적이지만 이런 것은 아주 흔하고, 우리의 태도와 행동을 지배한다. 하지만 이것이 우리가 다른 결정을 내리고 삶을 바꾸지 못할 정도로 꼼짝할 수 없게 만든다는 뜻은 아니다.

우리는 때로 전혀 예상치 못한 선택을 할 수 있다. 그 결정이 부모를 저버리는 것으로 생각될 수도 있다. 하지만 이것은 당신이 길을 찾기 위해 반드시 거쳐야 할 과정이다. 우리는 대부분의 상황에서 익숙한 것을 선택한다. 위험을 감수하며 변화를 시도하는 것이 고통스럽기 때문이다. 다행스럽게도 우리에게는 선택할 능력이 있다. 오스트리아의 심리학자 빅터 프랭클Viktor Frankl이 그의 저서 《죽음의 수용소에서》에서 언급했듯이 나치 포로수용소에서 그의 동료 수감자들은 자신에게 주어진 상황을 통제할 수는 없었지만 태도는 선택할 수 있었다. 그들에겐 선택권이 있었고, 선택을 통해 의미를 발견할 수 있는 자유가 있었다.

이야기의 힘 ─

몇 년 전 나는 한 행사에 참석했었다. 꽤 심도 있는 주제로 얘기를 나누는 자리였다. "당신의 놀라운 점은 무엇인가?" 나는 올랜도 출신의 기업가인 라지브 카푸르Rajiv Kapur와 같은 테이블에 앉아 있었다. 그는 자신의 차례가 되자 자신이 어릴 때 인도 장거리 수영대회 우승자였다고 진지한 표정으로 말했다. 2살 이하의 어린이 대상이었고, 많은 사람들이 의구심을 나타냈다. 사실일까?

2주 뒤, 라지브가 나에게 이메일 한 통을 보내왔다. 이미지 하나가 첨부돼 있었는데, 〈인도 스포츠 일러스트레이티드〉의 표지였다. 표지에는 기쁨의 순간을 찍은 사진이 실려 있었다. 올림픽 다이빙 선수, 즉 라지브의 아버지가 모든 사람이 볼 수 있도록 아들을 번쩍 들어 환호하는 군중들에게 손을 흔드는 모습이었다. 그의 아들 라지브가 방금 전 같은 연령대를 대상으로 하는 인도 장거리 수영대회에서 우승을 한 것이다.

이후 라지브는 프로 수영선수가 되진 않았지만 승리의 순간은 계속 그를 따라다녔다. 그리고 그것이 그의 삶의 궤도를 결정했다. 그는 인도에서 프로 테니스 선수가 되었고, 그 후 미국으로 가 선수로 활동했다. 그는 자신의 삶을 좌우하는 숨겨진 요인을 알았던 것일까? 그렇지 않았을 것이다. 이야기는 우리가 다른 사람을 이해하도록 도와주는 지도다.

이야기는 어디에나 있다. 지난해 나는 아주 단순한 진리를 보여주는 광고 한 편을 보았다. 먼저 카메라가 다양한 사람들이 앉아 있는 패스트푸드점을 비추면서 멘트 없이 문자만 보여준다. 그리고 한 여자의 이미지 아래에 이런 문구가 나타났다.

"남편이 지난 수요일에 죽었어요. 그가 살아 있었다면 오늘이 우리의 50번째 결혼기념일이 되었을 겁니다."

그리고 다른 이미지 아래에는 "아들이 방금 이라크로 세 번째 파병을 떠났습니다."라는 문구가, 어린 소녀의 이미지 옆에는 "엄마가 아이를 낳다가 죽었습니다. 아버지는 아이 때문에 엄마가 죽었다며 비난합니다."라는 문구가, 계산대에서 일하는 소녀에게는 "전율, 방금 그녀는 꿈꾸던 학교에 합격했습니다."라는 태그가 붙어 있었다.

서로 모르는 사이에 그 작은 공간에 있는 모든 사람은 용기를 내 좋은 일이든 힘든 일이든, 저마다의 특별한 현실을 이해하려고 애쓰고 있었다. 우리가 서로 있는 그대로의 이야기와 질문들을 솔직하게 나누며 대화한다면 얼마나 큰 해방감을 느끼게 될까? 아마 서로를 전혀 다르게 보게 될 것이다.

이야기는 우리가 가진 강점의 원천뿐만 아니라 우리가 고통을 느끼는 지점을 찾을 수 있도록 도와준다. 혼란스럽고 비생산적인 것처럼 보이는 행동을 이해할 수 있게 해주기도 한다.

나는 미국 NBA의 한 전설적인 선수가 결승전에서 패한 뒤 50년 동안 단 한 번도 모교를 방문하지 않은 이유가 궁금했다. 패배한 아들에 대한 아버지의 실망이 아직도 그를 따라다니고 있는 걸까?

한 번은, 그때까지만 해도 그다지 좋아하지 않던 한 남자와 동행한 뒤 그의 가족을 매우 좋아하게 되었다. 그에게는 세 자녀가 있었다. 둘째 아들은 우승 경험이 있는 하키 선수로, 훗날 미국 하키리그 선수가 되었다. 하지만 내가 보기에 그 남자는 항상 엄격하고 차가웠다.

어느 날 아침, 식당에서 우연히 그와 마주쳤다. 나는 그의 아들이 출전하는 올스타 하키경기를 보러 간 적은 있지만 그와의 만남은 그다지 유쾌하지 않았다. 내키지 않았지만 그의 테이블에서 함께 식사를 하는 것 외에 달리 도리가 없었다.

나는 식사 시간을 이용해 그에 대해 약간 알아보기로 마음먹었다. 먼저 그에 대해 개인적인 질문을 했다. 그는 캐나다의 작은 마을에서 태어나 다섯 명의 가족으로 이루어진, 겉보기에 완벽하고 정상적인 가정에서 자랐다고 했다. 30대 후반에 이르러서야 그는 비밀을 알게 되었다. 그의 아버지가 그 작은 마을에서 두 집 살림을 하고 있었던 것이다. 그의 아버지는 '합법적으로' 두 여자와 결혼하여 두 가정에서 모두 자녀를 두었고, 용케도 같은 마을에서 두 개의 다른 삶을 살아오고 있었다.

나의 아침 식사 파트너는 전부터 항상 무언가 잘못된 것 같았다고 했다. 그런 낌새를 느끼긴 했지만 무엇이 문제인지는 분명히 알지 못했다. 그의 어린 시절은 모호함과 깊은 불안으로 가득했다. 나는 그 발견이 그의 이야기에 어떤 영향을 미쳤는지 알기 위해 더 밀어붙였다. 그는 간단하게 말했다.

"아버지의 두 집 살림에 대한 비밀을 어렴풋이 알게 된 뒤부터 나는 항상 흑과 백처럼 명료함에 집착해 왔습니다. 회색지대는 결코 용납할 수 없었죠."

와우, 그랬구나. 그제야 그가 이해됐다. 그날 이후 나는 이 복잡한 남자를 동정하게 되었다. 다른 사람의 이야기를 깊이 이해하지 못하면 그의 행동과 의도를 오해할 수 있다. 누군가가 당신을 차갑게 대하거나 거부감을 보인다는 느낌이 들면 그의 이야기를 살펴보기 바란다. 당신이 평소 피하고 싶은 사람이 있다면 그에 대해 더 많이 알아보라. 그는 당신이 놀랄 만한 무거운 짐을 지고 있을 가능성이 있으며, 당신의 태도는 판단에서 동정으로 바뀔 것이다. 진실을 알게 되면 모든 이야기가 납득이 된다.

한 번은 브루클린에서 지하철을 타고 가다가 어떤 아버지와 다섯 명의 자녀에 대한 이야기를 보게 되었다. 아버지가 텅 빈 눈으로 창밖을 내다보는 동안 아이들은 제멋대로 행동했다. 승객들은 매우 불편해했고, 마침내 아버지는 주의를 듣게 되었다.

"선생, 이 장난꾸러기들을 좀 말려 보세요. 정말 참기 힘들군요."

순간 아버지가 꿈에서 깨어난 듯한 표정으로 말했다.

"정말 미안합니다. 우린 지금 랑곤의료센터에서 오는 길입니다. 조금 전 아이들 엄마가 죽었거든요.

아이들이 버릇없다는 사실은 변함없지만 새로운 정보가 모든 상황을 바꾸었다.

반스J. D. Vance는 자신의 저서 《힐빌리의 노래》에서 미국 노동 계층이 좌절하고 억울해하면서 미국이 그들 편이 아니라고 믿는 이유를 많은 사람들이 이해하도록 하는 데 기여했다. 많은 엘리트들은 하층민들의 절망적인 상황을 이해하고 있다고 착각했다. 반스의 책을 읽고, 또 그와 함께 시간을 보낸 뒤 나는 백악관의 '훼방꾼'을 원하는 그들을 새삼 공감하고 이해하게 되었다. 이처럼 배경과 이야기는 모든 것을 결정한다.

우리는 좁은 범위의 인간관계에 초점을 맞추는 경향이 있다. 예를 들면 가족이나 친구, 직장 동료처럼 편안한 사람들에게 말이다. 그러나 그 범위를 약간만 바꾸어 보라. 낯선 사람에게 말을 걸거나 낯선 동네를 돌아다니는 것처럼 말이다. 그러면 의외의 정보를 얻거나 의미 있는 경험을 할 수 있다.

해군 장관을 지낸 존 돌턴John Dalton이 나에게 새로운 눈으로 문제를 바라보라고 충고한 적이 있다. 그는 노숙자들은 결코 거리에서 삶을 마칠 생각이 없으며, 그들의 이야기는 제 궤도를 벗어났을 뿐이라고 말했다. 그러면서 우리가 판단과 회의적 시각을 접고 경청하면 그들이 흥미로운 이야기를 들려줄 거라고 말했다. 존은 나를 향해 노숙자들에게 이름과 노숙을 하게 된 사연을 물어보라고 권했다. 처음에는 불편했지만 그의 권고를 마음에 새겼다.

대화를 마치고 곧장 나는 오레곤 주 포틀랜드에 사는 내 누이를 방문했다. 밝은 햇살이 비치는 아침, 나는 누이의 아파트에서 몇 블록 떨어진 라이트 에이드 상점에 갔다. 그곳에서 돈을 구걸하는 덩치 큰 남자를 보았다. 대부분의 행인들은 그를 못 본 척했다. 나는 그에게 약간을 돈을 주고 이야기를 나누어 보기로 했다. 그렇게 나는 랜디와 지나온 삶에 대해 이야기를 시작했다.

노동자인 그는 농촌 지역 일자리를 찾아 이곳저곳을 옮겨 다니는 계절노동자였다. 그러던 중 심각한 허리 부상을 당했다. 일을 할 수 없었고, 건강보험도 상실했다. 그가 할 수 있는 일이라곤 거리에서 구걸하는 것뿐이었다. 그의 이야기를 듣고 난 뒤 나에게 변화가 일어났다. 판단하는 입장에서 동정하는 입장으로 바뀐 것이다. 이런 생각도 들었다. 성급히 어떤 결론을 내린 채 다른 사람이 내는 마음의 소리를 경청하지 않으면 많은 것을 놓친다.

사람들의 이야기를 알면 개인적으로나 직업적으로 다른 사람을 더 깊이, 더 진실하게 만날 수 있다. 예를 들어 직원의 입장에서 삶을 바라보지 않는 사람이 어찌 현명하고 좋은 상사가 될 수 있겠는가?

연간 200만 명 이상이 방문하는 테마파크를 운영하는 기업체 허센트 패밀리 엔터테인먼트의 최고경영자 조엘 맨비Joel Manby는 리얼리티 TV쇼 〈언더커버 보스〉에 출연한 뒤 삶이 완전히 바뀌었다. 리얼리티 쇼에서 맨비는 신분을 감추고 자신이 최고경영자로 있는 회사에서 시간제 근로자로 일했다. 아무도 그의 정체를 알지 못했고, 사람들은 그를 동료 직원으로 대하며 많은 대화를 나눴다. 그들은 그에게 상당히 비극적이고 힘든 사연을 털어놓았다.

한 젊은 남자는 그 회사에서 풀타임으로 일하면서 동시에 대학을 마치려고 노력 중이었다. 그는 가족 가운데 첫 번째 대학 졸업생이 되려고 했다. 그는 자신이 일하는 곳을 좋아했고, 학사 학위가 진급하는 데 도움이 될 거라 믿었다. 하지만 그는 상상하기 힘들 만큼 큰 스트레스를 받고 있었다. 맨비는 그가 끝없는 압박감에 시달리고 있다고 느꼈다. 토목 부서에서 일하는 또 다른 직원은 홍수로 집을 잃고 비좁은 임시 원룸에서 대가족이 부대끼며 살고 있었다.

이런 과정을 통해 맨비는 자신의 위치에서 열심히 일하는 사람들의 투지와 인간적인 모습을 확인했다. 개인적이고 강력한 이야기들은 맨비를 변화시켰다. 모두가 사연을 지녔지만 일반적인 눈에는 띄지 않았다. 하지만 이제 맨비는 그들을 매우 가까이에서 바라보게 되었고, 회사 운영 방식을 바꾸기로 결정했다.

오래된 형식과 습관을 바꾸는 것은 놀라운 일이다. 강력하고 놀라운 이야기는 어디에나 있다. 아랫사람을 연민의 눈으로 볼 때 그들을 대하는 방식이 크게 바뀔 것이다.

자신의 이야기를 하라 —

자신의 이야기를 해석하고, 고통과 고난의 의미를 이해하는 방식은 우리의 세계관에 따라 달라진다. 니체는 "이유why를 알면 모든 어떻게how를 견딜 수 있다."라고 했다. 우리 삶의 토대가 되는 북극성을 찾는 것이 매우 중요하다. 북극성은 좌절과 상처를 포함한 삶과 현실의 모든 것을 해석하는 방식을 제공하기 때문이다. 이런 토대를 통해 우리는 고통과 배신, 절망 속에서도 마음을 다잡을 수 있다.

삶의 이유를 발견하는 첫 단계는 우리가 경험한 모든 것 안에 있는 더 큰 목적을 받아들이는 것이다. 그러려면 진지하게 자신의 내면을 성찰하고 그것을 다른 사람과 나누어야 한다. 이것은 발견의 여정이며, 스토리텔링이다. 일단의 연구자들이 스토리텔링이 건강에 미치는 효과를 입증하기 위해 연구를 수행하고 있다. 그들은 이렇게 말한다.

"스토리텔링은 취약한 사람들의 건강을 증진하는 강력한 도구로 부각되고 있다."

이어서 다음과 같은 설득력 있는 결론을 내린다.

"스토리텔링 처방은 통제 불능의 고혈압 환자의 혈압을 상당히 개선했다."[03]

스터리텔링이 실제로 신체 건강에 여러 모로 유익하다는 것은 놀라운 사실이 아니다. 앞서 우리는 전 의무감 머시가 우리 시대의 중요한 건강 위험 요인으로 고독을 우려했다는 점을 언급했다. 그는 고독을 사회 전반에 퍼진 유행병으로 부르며, 직장에서 고독에 대응하는 간단한 방법을 추천했다. 일주일에 한 번 팀 구성원들끼리 만나서 각자의 이야기를 나누는 것이다. 스토리텔링을 통해 서로 연결되고, 유대감을 느끼고, 더 인간적으로 결속할 수 있기 때문이다. 이런 공유는 종종 우리를 갈라놓는 인종, 종교, 정치의 장벽을 뛰어넘을 수 있게 해 준다.

모든 인간은 살아가면서 이런저런 문제에 직면한다. 하지만 마음을 열고 나누면 공동체의 유대감이 주는 유익을 누릴 수 있다. 나만 고군분투하고 있지 않다는 사실을 알게 되는 것이다. 구체적인 문제는 저마다 다르겠지만 대부분의 이야기에는 고통스러운 내용이 포함되는데, 그 고통이 공감의 통로가 될 수 있다. 진정한 나눔은 참된 공동체를 가능하게 하며, 이는 대개 강점보다는 약점에 기초한다.

그렇다면 배경의 중요성을 더 깊이 이해하려면 어떻게 해야 할까? 심리치료사나 워크숍, 집중 프로그램의 도움을 받는 것도 하나의 방법이 될 수 있다. 그리고 전문적인 도움을 활용할 수 있는지 여부는 얼마나 열심히 우리 인생의 초기 영향을 이해하는가에 달려 있다. 이런 이해를 통해 진정으로 자신을 움직이고 동기를 부여하는 이야기를 발견할 수 있다. 우선 자신의 이야기를 자세히 써서 신뢰할 만한 친구와 나누어 보라. 피상적으로 접근해서는 안 된다. 자신의 과거를 면밀히 살펴보고 그것이 지금 자신의 행동에 어떤 영향을 주었는지 생각해보라. 부모가 당신에게 기대한 것은 무엇이었는가? 당신이 되고자 했던 최초의 꿈은 무엇이었는가? 지금껏 어떤 활동을 가장 즐겼는가? 가장 힘든 선택은 무엇이었고, 왜 그런 선택을 했는가? 인생에서 가장 행복한 순간은 언제였는가? 가장 도전적인 순간은 언제였는가?

과거를 살펴보고 이해하지 못하면 어린 시절부터 해온 행동 패턴과 병리적 행동을 반복할 가능성이 높다. 이런 행동 패턴은 대부분 효율적이지 못하고 파괴적이다. 하지만 정직하게 지난날의 진실을 성찰한다면 과거에서 벗어나 새로운 길을 갈 수 있다.

자신의 이야기를 나누면 연약한 모습이 드러나고, 이를 통해 더 깊은 차원의 우정으로 나아갈 수 있다. 친구의 피드백을 통해 자신의 이야기를 더 잘 정리하고 놓친 부분도 알 수 있다. 친구와 함께하건 전문가와 함께하건 상관없이 우리는 자신의 출발점과 태어나면서 속하게 된 이야기가 어떻게 현재를 만들었는지를 더 잘 이해할 수 있다. 조금 힘든 과정이지만 이것은 우리를 해방시켜 준다.

최근 나는 크레이그Craig와 코니 웨더럽Connie Weatherup이 애디론덱스에서 주최한 모임에서 이런 접근 방식의 변형된 형태를 시도했다. 이 모임에는 20명 정도의 CEO와 기업 소유주가 참여했다. 우리가 진행한 활동 가운데 하나는 시를 짓는 것이었다. 이를 위해 펜을 이용해 종이에 시를 써보라는 단순한 제안에 참가자들은 어색해하면서 반발했다. 나는 그들에게 약간의 도움을 주기 위해 첫 세 단어를 제시했다. "나의 시작은…" 결과는 정말 놀라웠다. 시는 개인적이고, 감동적이었으며, 자기 고백과 성찰로 가득했다. 그렇게 나는 리더들을 유대감으로 결속된 친구 모임으로 이끌었다.

타인을 기쁘게 하는 힘 ─

모든 이야기에는 공연을 지켜보는 청중, 곧 의식하든 못하든 우리가 기쁘게 해주려고 하는 누군가가 있다. 부모일 수도 있고 멘토일 수도 있으며, 교사 또는 당신이 할 수 있다고 생각하는 것보다 더 많은 것을 하도록 압박하는 사람일 수도 있다. 청중석에서 챔피언이 당신을 응원하는 것은 긍정적인 일이다. 하지만 슬프게도, 많은 경우 이보다는 더 어두운 면이 존재한다. 우리가 결코 기쁘게 할 수 없는 사람이 청중일 수도 있다. 혹은 신체적으로나 정서적으로 우리에게 상당히 위해를 가하는 사람일 가능성도 있다. 청중이 누구인지 모르는 경우도 있는데, 이렇게 되면 그 어떤 노력을 해도 우리가 갈구하는 인정과 사랑은 얻을 수 없다.

몇 년 전, 한 청년이 사무실로 찾아와 상담을 요청했다. 그는 사업가로 경력을 쌓고 싶어 했다. 그는 시장자본주의와 기업가 정신에 대한 내 질문에 열정적으로 대답했고, 나는 그에게 다시 물었다.

"뭐가 문제죠? 당신은 제대로 길을 가고 있군요. 자신이 하는 일을 사랑하고, 잘하고 있잖아요."

내 말에 그는 자신의 가족과 자신이 속한 문화에서는 엔지니어나 의사 같은 전문직이 높은 평가를 받는다고 말했다. 의사인 그의 아버지는 아들이 자신과 같은 길을 걸어 사회적 지위와 안정을 얻기를 원했다. 하지만 청년은 사업가의 길을 선택했고, 그의 아버지는 그와 말을 섞지 않았다. 그는 중요한 사람에게서 멀어지는 것을 견딜 수 없어

하며 어떻게 하면 좋을지를 물었다.

잠시 뒤 나는 그에게 선택권이 있다고 설명했다. 그는 아버지의 이야기에 계속 머물거나 자기만의 열정과 목적을 찾기 위해 더 위험한 길을 갈 수 있다. 나는 가족 간의 유대감이 끈끈한 만큼 시간은 그의 편이라고 말했다. 별일이 없다면 그의 아버지는 아들이 선택한 직업을 받아들일 것이다. 꼭 인정받아야 할 중요한 사람에게서 멀어지는 것은 쉽지 않은 일이다. 그것은 힘들지만 가치가 있는 싸움이다. 우리가 용감하다면 진정한 자신을 찾는 결정을 스스로 내릴 수 있다. '아니오'라고 말하는 것은 '예'라고 말하는 것만큼 중요하다. "너 자신이 되라. 그 외에는 다른 사람이 될 수 없다."라고 한 어느 현자의 말처럼 말이다.

부모는 우리의 유일한 청중이 아니다. 친구나 동료들의 압력도 놀랄 정도로 엄청나다. 기본적으로 우리는 다른 사람을 기쁘게 해주려는 존재라서 미처 깨닫지 못한 상태에서도 그 기대에 부응하려고 노력한다. 비행기 내에서 결재된 65,525건의 금융 거래에 대한 최신 연구에 따르면, 옆 좌석에 앉은 사람이 물건을 구매했을 때 당신이 물건을 구매할 확률은 30% 더 증가한다고 한다. 하지만 옆에 앉은 모르는 사람을 당신이 기쁘게 해줄 이유는 없다![04]

이와 비슷한 현상이 '집단 사고'에서 일어난다. 집단 사고는 개인의 가치관보다 집단의 가치관을 우선시하는 사고방식이다. 이 용어는 어빙 재니스Irving L. Janis가 항공 쇼핑몰의 이익과 직원의 노동 강도를 훨씬 더 위태롭게 만드는 상황을 보고 처음 사용했다. 그는 자신의 책

《집단 사고》에서 린든 존슨 대통령의 국가안보팀 대다수가 베트남 전쟁을 개인적으로 내심 반대했음에도 그들이 개인적 신념에 반대되는 의견을 제시했다고 썼다. 공식 석상에서 그들은 사람들이 전쟁을 지지하길 기대한다고 느꼈다. 대다수 보좌진들의 정서는 전쟁에 반대하는 쪽이었지만, 그들은 집단과 대통령의 의지에 굴복했다.[05]

'집단 사고'가 무서운 것은 역사상 자행된 잔학 행위처럼 심각한 문제를 일으킬 수 있기 때문이다. 사람들은 집단 사고의 역동을 잘 모르기 때문에 은밀하게 진행된다. 획일적인 행동이 개인적인 가치와 신념을 압도하는 상황에서 내려진 결정으로 끔찍한 사건이 얼마나 많이 발생했는가?

당신이 개인적으로 믿는 것을 옹호하려면 대단한 용기가 필요하다. 특히 합의가 된 청중들이 당신에게 다르게 행동하도록 압박하고 순응에 따른 보상을 제기하는 경우 더 그렇다. 사회과학자들은 비록 틀렸거나 비도덕적이라도 집단적 기준이 된 기대에 반대하는 것은 거의 불가능하다고 말한다. 1971년 스탠퍼드 교도소에서 행해진 실험이 이를 잘 보여준다.

24명의 피실험자 학생들을 모의 감옥으로 사용하는 지하실에 모은 뒤 '교도관'과 '수감자'로 나누었다. 하지만 이 실험은 6일 뒤 취소되었다. 이유는 위험할 정도로 통제 불능 상태에 빠졌기 때문이다. '교도관'들이 '수감자'의 안전을 위협하기 시작한 것이다. 나중에 가장 폭력적이었던 교도관 중의 한 사람은 자신의 행동이 악한 환경 때문에 발생한 것이 아니라고 회고했다. 그는 교도소 감독자를 기쁘게 해주려는 한 가지 목적을 위해 그렇게 행동했다. 아마 그는 감독자의 인정을 받기 위해서라면 뭐든지 했을 것이다. 교도관과 수감자들이 인위적으로 조성된 환경에서 역할극을 하고 있었음에도 그들이 비위를 맞추려는 청중은 그들에게 아주 실제적으로 느껴졌고, 그에 따라 교도관들은 놀라운 방식으로 행동한 것이다.

한 개인으로서 당신이 아무리 강하고 성숙해도 이런 압력은 여전하고 실제적이다. 나는 젊은 백악관 보좌관으로서 레이건 대통령과 3명의 수석보좌관(제임스 베이커, 에드윈 미즈, 마이클 디버)과 함께 대통령 집무실에서 회의를 할 때 이것을 깨달았다. 이 회의에서 나는 보잘것없는 회의 기록자였다. 그 회의의 초점은 차기 대통령 선거에서 레이건의 잠재적 경쟁자가 될 민주당의 테드 케네디였다. 보좌관들은 레이건 대통령이 심각한 도덕적 결함이 있는 경쟁자보다 훨씬 우위에 있다고 말했다. 그리고 놀랍게도, 대통령은 그들의 비판적 평가에 합세하지 않고 이렇게 말했다.

"케네디 가문은 너무 많은 고통을 당했네."

이 장면은 동료 간의 압력과 집단 사고에 대한 저항을 보여준다는 점에서 놀라웠다. 당신의 친구들이 당신을 인정하고 찬사를 늘어놓을 때 반대 의견을 견지하기 위해서는 대단한 용기가 필요하다. 사무실로 돌아온 나는 방금 목격한 장면과 놀랄 정도로 고무적인 인물을 돌이켜보았다. 그는 자신의 리듬에 맞추어 행진하면서 가장 가까운 친구들에게 맞장구를 치지 않았다. 공직 생활에서 매우 드문 일이었다.

데이비드 리스먼David Riseman은 자신의 책《고독한 군중》에서 사회 구성원들이 서로 일정 수준의 동조를 요구하는 방식을 연구했다. 그는 아이들이 어렸을 때부터 다양한 동조 방식을 배운다고 설명했다. 그러면서 '전통 지향형', '내적 지향형', '타인 지향형' 등 몇 가지 동조 방식을 제시했는데, 여기서 크게 와 닿은 것은 타인 지향형이었다. 이것은 아이들이 부모로부터 또래 아이들보다 높은 지위를 차지해야 한다고 끊임없이 압박 받는 방식을 말한다. 리스먼은 말한다.

"부모들은 또래 집단이 매우 중요한 아이들에게 내면의 기준을 위반하는 것보다 다른 친구들보다 인기를 얻지 못하는 것에 더 죄책감을 느끼게 만든다."

아이는 가정과 사회에서의 인기가 진정성이나 성실함보다 더 중요하다는 가르침을 받는다. 이제 리스먼은 "타인 지향형 사람들에게 동년배는 행동의 방향성을 결정하는 원천"이라고 말한다.[06]

변덕스러운 '청중'은 어떨까?《고독한 군중》은 1950년에 출간됐지만 당시보다 지금 더 동조 압력이 뚜렷해지고 있는 것을 볼 때 그의 연구 결과는 매우 놀랍다.

당신은 누구를 기쁘게 해주려고 노력하는가? 무엇 또는 누가 당신의 행동과 습관, 야망과 성공의 개념을 만드는가? 누가 또는 무엇이 자신을 어떤 방향으로 몰아가는지 알면 그것을 다시 생각하고 궤도를 수정할 수 있을 것이다.

청중은 누구인가? —

다음 장에서는 우리가 삶의 근본적인 가치와 목적대로 살도록 도와주는 핵심적인 청중 역할을 하는 친구 관계를 유지하는 것의 중요성을 얘기할 것이다. 그에 앞서 여기서는 우리에게 종종 이런 목적에서 멀어지도록 하는 다른 집단에 대해 먼저 논의하고자 한다.

청중에게 동조하라는 압박을 받지 않고 자신에게 정직한 삶을 사는 것이 가능할까? 한 인간으로서 우리에게는 선택권이 있다는 점을 기억하라. 우리는 타인의 기대에 동조하지 않고 거부할 수 있다. 리스먼은 이러한 독립적인 유형을 '내적 지향형'이라고 했다. '내적 지향형'은 대중적 정서에 개의치 않고 흔들림 없이 신념을 유지하는 내적 능력을 갖고 있다.

나는 내적 지향형 인간에 미치지는 못했지만 가끔은 그에 가까워졌다. 채플힐에 있는 노스캐롤라이나 대학에 다니던 나는 두 번째 학기 당시 위기에 직면했다. 남학생 사교클럽에 가입하기로 약속했는데 이 단체의 암묵적인 요구 사항 때문에 마음이 편치 않았다. 나는 관행적인 폭음과 통음에 관심이 없었다. 하지만 내가 운동선수였던지라 회원들도 나를 몰아붙이지는 못했다.

그러던 어느 저녁, 내가 착한 척을 한다고 생각했는지 사교클럽 회원들이 입회식에서 나를 공개적으로 까발리기로 작정한 것이다. 새벽 3시경, 우리는 프랭클린 가에 있는 튜더 양식의 ATO 하우스의 큰 방에 있었다. 내 순서에 앞서 20번의 선서가 이어졌다. 그들은 나를 마지막 순서로 정해 놓았다. 회원들은 내가 취하도록 술을 먹이고, 내가 거부한 몇 가지 다른 짓도 했다. 그 전까지 나는 그렇게 강력한 집단적 압박과 요구를 당한 적이 없었다. 순간 방 뒤쪽에 있던 상급생 회원이자 지금까지 친하게 지내고 있는 존 예이츠John Yates와 눈이 마주쳤다. 그는 내가 당하는 일에 나만큼이나 당혹해하는 듯 보였다.

나는 반항의 뜻을 내비치면서 확실하게 말했다.

"만일 내 정체성을 근본적으로 바꿔야 한다면 클럽을 탈퇴하겠습니다."

그러고는 그 방에서 나와 버렸고, 밖에서 존을 만나 굴욕감에 눈물을 흘렸다.

우리는 알렉산더 홀에 있는 내 기숙사 방으로 돌아왔다. 나는 학교를 옮기거나 증인보호프로그램에 등록해야 할지를 고민했다. 나는 엄청난 수치심과 굴욕감에 사로잡혀 있었다. 정말이지 최악이었다. 현자 호머 심슨Homer Simpson이 사색 중에 했던 말이 생각났다.

"오늘은 당신 인생의 최악의 날이 아니다. 다만 지금까지의 날 가운데 최악일 뿐이다."

그랬다, 그날은 지금까지의 날 중에 최악이었다. 그런데 놀라운 일이 벌어졌다. 누군가 내 방의 문을 두드렸다. 문을 열어보니 사교클럽 회장이 서 있었다. 그는 나에게 밖으로 나오라고 했다. 나가 보니 사교클럽의 모든 회원이 기숙사 앞에 모여 있었다. 잠깐의 침묵이 흐른 뒤 그들은 나에게 사과했다. 어색했지만 왠지 모를 안도감이 느껴졌다. 그것은 중요한 순간이었고, 내가 뭔가 대가를 치르고 입장을 고수한 첫 순간이었다.

트럼프가 대통령에 선출된 직후 30명의 연방의원이 나의 영웅인 노예폐지론자 윌리엄 윌버포스William Wilberforce에 대해 함께 토론하자고 요청해 왔다. 그는 30년 동안 노예제 폐지를 위해 노력해 온 지조 높은 지도자였다. 윌버포스는 성공을 거두긴 했지만 상당한 대가를 치러야 했다. 이를테면, 그는 자신이 쌓은 부와 평판, 심지어 건강까지 타격을 입었다. 또한 그는 그가 얻을 수 있는 정치적인 영향력과 기회를 포기하고 헌신의 길을 택했다.

내가 참석한 토론회의 구성원들은 대부분 공화당원이었고, 민주당원도 몇 명 있었다. 내가 먼저 발언했는데, 그들의 다음 질문은 나를 놀라게 했다.

"당신은 의회 지도자인 우리를 어떻게 생각합니까?"

나는 그들에게 솔직한 답변을 원하는지 물었고, 그들은 그렇다고 대답했다. 나는 그들이 개인적으로는 고상할지 모르지만 입법 기관으로서는 재난이자 골칫거리라고 말했다. 그들은 자신들이 어떻게 했으면 좋을지 제안해 달라고 했다. 나는 정치계의 구조적 상황이 문제라고 말하면서 "다양한 이유로 의원들이 소속 정당의 기본 방침을 넘어서로 협력하여 일을 처리하는 능력이 부족합니다. 입법 기관의 문화는 매우 비효율적이고 수준 낮으며, 막대한 돈과 방송에 좌지우지되고 있습니다."라고 말했다. 그러고는 잠시 말을 멈추었다가 덧붙였다.

"옳은 일을 하십시오!"

의원들의 표정에 아랑곳하지 않고 나는 말을 이어갔다.

"당신이 공화당원이라면 중요한 이슈를 찾아서 초당파적으로 협력하여 해결하십시오. 그 때문에 직책에서 물러나게 된다 하더라도 기꺼이 감수해야 합니다. 손자들에게 당신이 연방의회에서 한 자리를 차지하고 있다고 말하고 싶습니까? 아니면 국가에 더 큰 이익이 되는 중요한 일을 수행할 기회를 잃어버렸다고 말하고 싶습니까? 큰 대가를 치를 수도 있고, 자리에서 물러나야 할지도 모릅니다. 닉슨 행정부에서 법무부장관을 지냈던 엘리엇 리처드슨을 통해 배우기 바랍니다. 그는 워터게이트 사건을 조사하던 특별검사 아치볼드 콕스를 해임하라는 압력이 있었을 때 그것을 거부하고 항의의 표시로 사임을 택했습니다. 얼마나 영광스러운 행동입니까? 큰 대가가 수반되는 결정을 할 때 그는 올바른 청중을 생각했습니다."

전 사우스캐롤라이나 주지사이자 연방의회 의원인 마크 샌포드Mark Sanford. 적어도 그는 자신의 목소리와 청중을 되찾은 것으로 보인다. 2009년 그는 공개적으로 거짓말을 했다. 애팔래치아에서 산행을 했다고 주장했지만 실제로는 아르헨티나인 정부情婦와 함께 남미에 있었다. 친구가 힘든 시험을 겪고 있다는 사실을 알게 된 나는 스티브 케이스, 밥 우디와 함께 비행기를 타고 사우스캐롤라이나로 갔다. 그러고는 그저 그와 함께 있으면서 그의 말을 듣고 우리의 생각을 전했다. 이후 나는 마크가 '남을 기쁘게 해주는 사람'에서 소속 정당과 대통령에게 추호의 망설임도 없이 도전하는 지조 있는 지도자로 발전하는 모습을 보았다. 공개적인 거짓말이라는 중대한 시련을 겪은 뒤 이제 마크는 자기 자신을 '걸어 다니는 죽은 사람'으로 생각한다. 그는 말한다.

"이미 죽은 사람은 산 사람처럼 두려워하지 않는다. 나는 정치적으로 죽었다."

비록 그에게는 정직하지 못한 사람이라는 꼬리표가 달렸지만 국가의 양심으로서 특별한 역할을 감당하고 있다. 이 모든 것은 새로운 청중을 발견한 결과다.

내가 생각하는 최고의 지도자는 어떤 과제가 대중적 인기가 없고 힘든 경우에도 옳기 때문에 그것을 이루기 위해 노력하는 사람이다. 언젠가 나는 조너선 에이트켄Jonathan Aitken 전 영국 국회의원에게 대처 행정부 시기의 의원들이 지금의 의원들과 무엇이 다른지를 물은 적이 있다. 내 물음에 그는 그가 국회의원이던 시절에는 2차 세계대전을 경험한 의원들이 있었다고 말했다. 그들은 어떠한 종류의 비판이나 위협적인 발언도 두려워하지 않았다.

우리의 문명을 지키기 위해 나치 항공기를 격추하고 전쟁에 참여한 용사들을 위협하는 것은 쉽지 않다. 그러면서 그는 오늘날 우리는 내적으로 깊은 시련을 당해본 경험이 없는 그저 '기쁘게 해주려는 사람들'을 선출하고 있다고 비판했다. 그런 다음 그들은 대중의 사랑을 받아 재선에 성공하길 간절히 원하면서도 종종 초심을 잊어버린다고 덧붙였다.

애덤 그랜트Adam M.Grant는 자신의 책《오리지널스》에서 지도자의 성과에 대해 면밀하게 조사한다. 그는 수많은 역사가, 심리학자, 정치학자가 미국 대통령들을 평가한 자료를 재검토했다. 어떤 대통령이 성공했는지, 그리고 그 이유가 무엇인지 알고 싶어서였다. 평가 자료에 따르면, 가장 저조한 성과를 낸 지도자들은 대중의 뜻을 따르거나 전임자의 선례를 따랐다. 반면 '훌륭한' 지도자는 종종 매우 개인적이고 비열할 정도로 가혹한 비판에도 불구하고 현재에 도전하여 국가를 크게 변화시켰다. 즉 독자적인 행보를 보여주었다. 그런 면에서 링컨이 높은 평가를 받은 것은 놀라운 일이 아니다. 비싼 대가를 치르면서도 해야 할 일을 했기 때문이다.[07]

몇 년 전, 호주에서 간호사로 일하고 있는 브로니 웨어Bronnie Ware는 자신이 일했던 양로원에서 죽을 때 나타나는 가장 일반적인 후회를 정확히 보여주었다. 후회는 다양한 형태로 표현되지만 그 내용은 놀랄 정도로 한결같았다. 그들은 모두 용기가 없어서 자신이 원하는 삶이 아닌 남들의 기대에 맞추어 살았다고 후회했다.[08] 아마 당신도 그들과 같은 삶을 살고 있을지 모른다. 우리는 평생 남을 기쁘게 해줘야 한다는 압박을 받고 있는 듯하다. 그렇다면 우리는 왜 다른 사람에게 우리의 행복을 결정하거나 우리의 성공을 정의할 권한을 부여하는 걸까? 내가 보기에, 남을 기쁘게 해야 한다는 생각이야말로 개인적·직업적 불행의 근원이다.

2014년, 나는 〈뉴욕타임스〉 다큐멘터리 기사에서 수입이 좋은 의사 생활을 자유와 자기표현을 중시하는 보헤미안 생활방식과 바꾼 한 신경과 전문의의 얘기를 접했다. 주인공인 존 키친John Kitchen 박사는 이제 샌디에이고 퍼시픽 비치의 보도에서 롤러블레이드를 타며 시간을 보낸다. 그가 이곳에 오게 된 것은 어느 오후 그의 병원 카페에서 한 노인과 잡담을 나누다 문득 얻게 된 깨달음 덕분이다. 그 노인은 키친에게 행복의 비밀을 말했다.

"당신이 원하는 것을 하세요."

이 말이 존 키친 박사의 뇌리를 번개처럼 스쳤다. 순간, 지금껏 자신이 다른 사람의 기대에 맞춰 살아왔다는 생각이 들었다. 그의 삶은 성공의 표지들로 가득했다. 고급 맨션, 조류 수집, 페라리. 여기에 그가 최고로 삼는 것은 동료들의 칭찬이었다. 하지만 그는 이제 자유와 평화를 추구하며 매일 롤러블레이드를 탄다. 새로운 청중, 즉 자기 자신을 되찾은 것이다.

봉사의 삶을 버리고 즐거움을 추구하는 삶이 과연 가치 있는가에 대한 의문이 들 수 있다. 무엇보다 키친은 고통당하는 환자에게 절실히 필요한 의학적 재능을 갖고 있었다. 그렇게 주장하는 사람들의 논리를 충분히 이해한다. 하지만 그는 말한다.

"나는 관습과 기대의 손아귀에서 탈출한 사람입니다."

스스로 자신의 청중이 되라 ──

당신의 이야기를 더 깊이 이해하는 한 가지 방법은 스스로 자신의 청중이 되는 것이다. 당신의 이야기에서 자신을 빼고 이야기해보라. 당신은 그 이야기의 주인공에게서 영감을 받는가? 그 주인공이 다른 사람과 진정한 관계를 맺는다고 느끼는가? 주인공은 성공에 대한 자신의 신념에 따라 움직이는가? 아니면 타인의 정의에 따라 움직이는가? 주인공은 무력하다고 느낄 때도 강하게 보이려고 필사적인가? 당신은 그 주인공을 칭찬하는가?

몇 해 전, 나는 친구이자 AOL의 공동 창업자인 스티브 케이스Steve Case와 함께 빌리 그레이엄Billy Graham을 만나기 위해 노스캐롤라이나의 애슈빌에 갔다. 그레이엄의 건강이 나빠지자 스티브가 그레이엄과 조금이라도 더 많은 시간을 함께 보내고 싶어 했기 때문이다.

도착해 보니 그레이엄은 많이 연약해진 상태였다. 그럼에도 그의 인내심과 명료한 정신은 여전히 빛나고 있었다. 우리는 몇 시간 동안 이야기를 나누었다. 감사하게도 스티브는 내가 반복해서 그레이엄에게 질문을 할 수 있도록 배려해 주었다. 나는 그레이엄과 존 F. 케네디의 관계, 호텔업계 거물인 윌라드 메리어트J.Willard Marriott, 이슬람교와 그들의 영적 정체성에 대한 그의 생각을 물었다. 그레이엄이 보여준 겸손과 유연함, 섣불리 판단하지 않는 모습은 매우 인상적이었다. 그는 내 질문에 허심탄회하게 대답하다가 어느 순간 갑자기 대화의 리듬을 바꾸었다. 그러더니 꿰뚫어 보는 듯한 눈빛으로 나에게 물었다.

"더그, 하루 종일 질문을 하는군요. 이제 내가 질문을 해도 될까요? 당신의 조언이 필요합니다."

나는 침을 삼키며 고개를 끄덕였다. 내 얼굴에는 당황한 기색이 역력했다.

"보다시피 나는 매우 약한 상태요. 매우 지치고 기력이 소진되어 워커를 사용하고 있소. 내 나이가 80이 넘었는데, 여전히 세계 도처의 뉴스 통신사로부터 나의 삶과 국제 정세에 관한 의견을 묻는 전화를 받고 있소."

이렇게 말하고 난 뒤 그는 잠시 숨을 골랐다. 그리고 이어진 말이 매우 인상적이었다.

"사람들에게 연약해진 나를 있는 그대로 보여줘야겠소, 아니면 나를 과거의 강연자로 기억하게 해야겠소?"

이 거장에게 어떤 대답을 해야 할까? 곰곰이 생각한 끝에 나는 이렇게 말했다.

"교황 요한 바오로 2세가 우리에게 가르쳐준 것이 있다면, 그건 쇠퇴에 맞서는 인간의 진정한 힘일 것입니다. 교황은 심각한 뇌졸중으로 부분 마비가 왔지만 순방을 멈추지 않았습니다. 그 과정에서 그는 자신의 연약하고 병든 상황이 한계가 아니라 노화에 따른 불가피한 상태임을 보여줬습니다. 젊음과 아름다움에 찬사를 보내며 높이 평가하는 문화에 살고 있지만 연약함을 두려워하거나 경멸하지 말아야 합니다."

나는 그레이엄에게 세상 사람들이 그가 쇠퇴한 모습을 볼 수 있도록 해야 한다고 조언했다. 우리는 대부분 다른 사람들에게 자신이 이룬 성과와 승리에 대해서만 얘기하고 싶어 한다. 하지만 그보다 더 흥미롭고 소중한 것은 어떤 일에 첫발을 내디뎠던 미약한 순간과 실패에 관한 이야기다. 모든 사람은 상처와 문제에 대해 공감할 준비가 되어 있다. 어지간히 오래 살아보면 알겠지만, 이건 사실이다.

데일 존스Dale Jones는 필라델피아에 있는 글로벌 헤드헌팅 기업을 이끌어 달라는 요청을 받았다. 데일은 업무를 시작할 때 받은 조언을 나에게도 전해 주었다.

"새로운 직장을 찾는 최고경영자 후보자를 면접할 때 '실패한 경험'에 대해 물어보게. 그런 경험이 없는 사람은 피하게."

사람이라면 누구나 문제에 직면하고 한계를 경험한다. 진정한 지도자는 연약함을 피하지 않는다. 그들은 그것을 기꺼이 받아들여 진정성 있는 리더십으로 승화시킨다. 물론 한계와 실패를 드러내는 데는 위험이 따른다.

우리는 성장하면서 다른 사람들에게 내가 가진 장점과 강점을 보여주라는 교육을 받는다. 삶에서 일어나는 많은 일들이 예기치 않게 우리의 이야기를 만들고, 우리를 방해하고, 궤도에서 이탈하게 만들 수 있다. 하지만 삶의 목적을 추구하는 과정에서의 핵심은 온전하게 되는 것, 다시 말해 자신의 모든 면을 그대로 받아들이는 것이다.

작가 리처드 로어Richard Rohr는 주변 환경과 실제 삶의 차이를 이해한다.

"대부분의 사람들은 자신이 살아온 삶의 환경과 실제 삶을 혼동한다. 이런 혼동이 기본적으로 일상의 배후에서 작용한다."[09]

중요한 것은 다른 사람에게 보여주라고 배운 가짜 모습이 아니라 자신이 누구인지, 자신을 움직이는 실제적인 이야기가 무엇인지를 깊이 생각하는 것이다. 우리의 삶은 단순히 성취와 실패가 합쳐진 결과가 아니다. 우리의 삶은 방금 만난 유력한 개인들과의 관계나 방금 잃은 직장, 또는 방금 결정된 임금 인상에 의해 규정되지 않는다. 우리는 우리가 존재하기 오래전부터 존재하는 사람들과 주변 환경, 그리고 우리가 죽은 뒤 오랫동안 존재할 사람들에게까지 영향을 받는 복잡한 존재다.

이런 상황을 온전히 이해하면 명확해지는 동시에 오싹해진다. 하지만 이 사실을 인정하고 그대로 받아들이면 선택권을 가질 수 있다. 당신은 동료나 가족의 이야기를 따르며 살거나, 아니면 자신의 이야기를 소중하게 여기고 자신의 길을 찾을 수 있다. 결국 건전하고 가장 나은 사람이 되려면 반드시 분리되어야 한다. 과거를 단절함으로써 현재의 삶을 방해하는 것들에서 벗어나야 한다. 진짜 중요한 한 명의 청중의 소리를 들어야 한다.

나의 예를 들면, 내게는 현존하는 하나님에 대한 신앙이 최고의 청중이었다. 적어도 나에게는 그랬다. 그리고 나는 그 속에서 의미를 찾았다. 사르트르는 나에게 이렇게 말했다.

"무한한 기준점이 없다면 유한한 점은 아무런 의미가 없다."

우리는 우리만의 청중과 기준을 정해야 한다. 진정한 내가 되려면 반드시 그래야 한다. 에머슨의 이 말은 옳다.

"당신을 다른 무언가로 만들려고 끊임없이 시도하는 세상에서 자기 자신이 된다는 것은 가장 위대한 성취다."

우리는 청중을 갖고 있다. 아마도 다수의 청중일 것이다. 우리에게는 이야기가 있다. 자신에게 진실하려면 처음 질문을 반드시 되돌아봐야 한다.

"당신은 자신의 특별한 삶의 이야기를 받아들이고 청중을 찾았습니까?"

이것은 우리가 숙고해야 할 핵심 질문이다. 의미 있는 삶으로 들어가는 입구이기 때문이다.

당신만의 이야기를
만들어낼 수 있는가?

우리는 다른 사람의 이야기 속에서 태어난다.
-워런 버핏의 아들 피터 버핏

일기를 쓸 때 다음 질문과 활동을 깊이 생각해보라.

- 적어도 3페이지 이상 생각나는 대로 자신의 이야기를 써보라. 여기에는 좋은 것, 나쁜 것, 추한 것이 포함되어야 한다. 어렵게 생각하지 말고 생각이 흐르는 대로 자유롭게 써라.

- 자신이 쓴 내용을 읽어보라. 부끄러운 부분이 있는가?

- 부모님(또는 보호자)의 이야기를 간단하게 써보라. 가능하다면 부모(또는 보호자)에게 그들의 이야기와 무엇이 그들의 인생 여정을 이끌어왔는지 물어보라. 부모님과 그들의 부모님의 관계는 어떠했는가? 당신과 당신의 부모님의 관계와 비교할 때 어떤가?

- 당신이 자랄 때 부모(또는 보호자)에 대해 수치감 또는 당혹감을 느꼈는가? 어떤 면에서 그렇게 느꼈는가?

- 각각의 부모나 보호자에 대해 10가지 긍정적인 특성을 적어 보라. 당신이 직접 경험한 10가지 부정적인 특성에 대해 기록해보라. 마지막으로 두 개의 목록에서 당신의 이야기와 경험에 관련되는 구체적인 특성을 표시해보라.

- 당신의 청중은 누구이며, 그 청중은 당신의 삶에 어떤 영향을 미치는가?

- 당신이 청중을 실망시킬까봐 겁내지 않게 된다면 어떻게 다르게 행동하고 싶은가?

Rethinking Success

✕

진정한 우정을
갖고 있는가?

빨리 가고 싶으면 혼자서 가라.

멀리 가고 싶으면 함께 가라.

— 아프리카 속담

두 사람이 한 사람보다 나음은 그들이 수고함으로 좋은 상을 얻을 것임이라.

혹시 그들이 넘어지면 하나가 그 동무를 붙들어 일으키려니와

홀로 있어 넘어지고 붙들어 일으킬 자가 없는 자에게는 화가 있으리라.

— 전도서 4:9-10(개역개정판 성서)

7월 어느 여름날 저녁, 나는 코스타리카 니코야만을 따라 통통거리며 운항하는 오래된 목선 페리호에 타고 있었다. 내 옆에는 평생 친구이자 전도유망한 변호사인 후안 에드거 피카도Juan Edgar Picado가 앉아 있었다. 우리는 세상을 변화시키고 오랫동안 함께하는 기쁨을 누리길 원했다. 그와 함께 각자의 희망과 두려움, 당면한 문제들에 대해 솔직하고 편안하게 얘기를 나눴다. 중간중간 통제할 수 없을 만큼 재밌고 즐거운 대화가 오갔다.

근처 벤치에 앉은 중년의 신사가 우리를 보고 있었다. 그는 호기심 가득한 눈으로 다가와 이렇게 말했다.

"두 분이 어떤 철학과 종교를 가졌는지 모릅니다만, 아무튼 함께 이야기를 나누고 싶군요."

환영해야 할지 거절해야 할지 모르는 채 우리는 "예, 삶은 좋은 것이니까요."라고 말하듯 서로를 바라보았다. 그때까지 나는 진실한 관계가 얼마나 강력하게 사람을 끌어당기는 힘이 있는지 몰랐다. 그 신사는 미숙하지만 서로 깊이 연결된 두 사람 사이에 존재하는 진실한 무언가를 발견하고 그에 끌렸던 것 같다.

풍성하고 오랜 인간관계 없이는 의미와 목적이 있는 삶을 살 수 없다. 그래서 우정은 매우 중요하다. 하지만 진정한 관계를 오랫동안 유지하는 것은 무척 어려운 일이다.

내 사랑하는 친구이자 샌안토니오에 있는 H. E. 버트 재단의 최고경영자인 데이비드 로저스David Rogers가 작가인 데이비드 브룩스에게 흥미진진한 질문을 던졌다.

"수백 만 달러가 있다면 무엇을 하고 싶습니까? 세상은 지금 무엇이 필요하다고 생각합니까?"

브룩스의 대답은 몇 주 뒤 〈뉴욕타임스〉 칼럼에 실렸다.

"오늘날 미국은 우정이 미약합니다. 우정을 북돋울 수 있는 장소를 만들고 싶습니다."

그러고는 이렇게 덧붙였다.

"성인을 대상으로 한 다양한 성인 캠프나 피정 센터를 통해 분리된 개인들 사이에 유대감이 형성되는 날을 상상해 봅니다."[01]

상상한다는 말이 이상하게 들릴지 모르지만, 최근 수십 년 동안 진정한 우정을 만들기 힘든 시대가 되었다. 자료에 따르면 대부분의 사람들은 나이가 들면서 친구가 줄어든다고 한다. 하지만 항상 그런 것은 아니다.

모든 인간관계 중 가장 신비스러운 우정은 유명한 시인과 사상가들의 오랜 관심 분야였다. 호머에서 셰익스피어까지 위대한 작품과 제임스 조이스, 안톤 체호프, 네이딘 고디머가 쓴 단편 소설에는 늘 우정이 등장한다. 아리스토텔레스를 비롯해 키케로, 몽테뉴, 에머슨 역시 우정의 미덕을 극찬했다. 모차르트, 존 키츠, 귀스타브 플로베르, 오스카 와일드, 엘리엇, 버지니아 울프에게 우정은 편지를 쓰는 동기가 되었다. 윌리엄 블레이크와 월트 휘트먼의 시, 콜레트의 풍자소설을 읽어보면 우정이 그들의 세계관과 경험의 중심이었다는 것을 알 수 있다.

사회적 고독으로 인해 많은 사람들이 이 신사처럼 더 깊은 관계를 찾고 있다. 어떤 사람들은 실질적이고 지속적이며 정직한 우정을 통해 서로의 모든 영역을 함께 나누길 갈망한다. 우정은 고립에 따른 어려움에 대응하는 아주 좋은 방법이다.

공통의 관심사를 통해 남성과 여성이 함께할 수 있는 모임은 많다. 신앙 모임이 될 수도 있고, 일과 관련된 모임이 될 수도 있다. 마음에 드는 알맞은 모임을 찾아 그룹에 참여해도 좋고, 개인적인 친분을 쌓아도 좋다. 분명한 사실은, 조물주가 우리를 이런 관계를 추구하도록 만들었다는 점이다. 의미와 목적이 있는 삶을 살려면 반드시 깊은 관계를 맺어야 한다.

"사람이 혼자 사는 것은 좋지 아니하다."[02]

결혼식 때 자주 인용되는 창세기의 구절이지만 비단 결혼에만 해당하는 말은 아니다. 혼자인 상태가 지속되면 좋지 않은 일이 생긴다. 우리의 창조자는 때로 우리를 정서적으로, 영적으로 다른 사람과 연결되도록 설계했다. 진정한 관계를 맺지 못하면 우리의 마음과 정신은 위축된다. 고독은 매우 고통스럽고 끔찍한 처벌이다.

앞서 언급했듯이 로버트 풋남 교수는 볼링 리그와 사친회의 소멸이 파편화되고 고립되는 사회의 상징이라고 강조했다. 1960~70년대까지만 해도 사회 참여에 대한 열망이 높았지만 그 후로 급속히 낮아졌고, 이젠 고독과 고립이 만연한 세상이 되었다. 이런 변화는 포커와 브리지 클럽의 쇠퇴, 모임에 대한 관심 저하에서 분명히 드러난다. 시민 참여와 다양한 소규모 집단에 대한 관심을 신생 미국의 중요한 역량으로 보았던 알렉시스 드 토크빌은 충격을 받을 것이다.

정상에서 외로이 ―

사업이나 다른 분야에서 거둔 성공은 문제를 악화시킬 수 있다. 정상에 있으면 외롭다는 말은 이제 진부하다. 하지만 여전한 사실은, 성공이 실제로 사람들을 특히 남자들을 훨씬 더 외롭고 단절된 상태에 빠지게 할 위험이 있다는 것이다. 2017년 오바마 재단 서밋에서 우정에 관해 솔직한 대화를 나눌 때 미셸 오바마는 이렇게 말했다.

"여자들은 남자들보다 더 잘합니다. …… 우리는 친구를 사귀어야 합니다. 친구를 사귀고 서로 대화를 나누죠."

그러면서 그녀는 남편인 오바마 전 대통령이 남자 친구 모임을 넓히기를 원한다고 덧붙였다.

"우리는 자신의 사소한 것에 대해 서로 나누어야 합니다. 나눌 것이 너무 많아요. 혼란스러울 정도죠."[03]

우리는 자신의 약점이나 단점을 들킬까 두려워 그것을 다른 사람들에게 숨기고 관계 맺기를 꺼려한다. 그런 약점 때문에 거부당할 위험이 있다고 생각하기 때문이다. 당신이 사장이든 노동자이든 누군가가 당신을 제대로 알게 된다면 당신을 좋아하지도, 받아들이지도 않을 것이라고 생각할 것이다. 위대한 철학자 그루초 마르크스Groucho Marx는 이렇게 말했다.

"나는 나를 회원으로 받아들이는 어떤 클럽에도 속하고 싶지 않다."

그래서 우리는 나와 다른 사람을 이어주고 공통점을 만들어주는 그것이 드러나고 알려질까 두려워하며 자신을 숨긴다.

연구 결과 역시 리더들, 특히 최고경영자들이 고립되었다는 것을 뒷받침한다. 고립은 리더들의 역할에 수반되는 고유한 특징이다. 미국의 경제매거진 〈아이앤씨닷컴〉의 작가 제시카 스틸먼Jessica Stillman은 2012년 〈잉크〉 지를 통해 리더십 컨설팅사인 RHR 인터내셔널이 조사한 내용을 공개했다. 5천만~20억 달러의 연봉을 받는 공기업과 민간기업 최고경영자 80명에 대해 조사한 내용이었다. 연구자들에 따르

면, 최고위 임원 중 절반이 업무 수행 능력에 영향을 미칠 정도로 고립감을 느끼고 있었다.[04]

좋든 싫든, 우리의 본모습이 여러 사람에게 공개될 때가 있다. 이 경우 수치심을 느끼는 것은 물론 우정에도 위기를 맞는다. 어떤 우정은 이런 상황에서도 변함없이 이어지지만 많은 경우 그렇지 못하다.

두 명의 스탠퍼드대 룸메이트가 졸업 후 전문직의 삶을 살았다. 두 사람은 자기 분야에서 정상에 올랐고, 경제적으로도 매우 부유했다. 그런데 상상할 수 없는 일이 일어났다. 제임스 보텀리James Bottomley가 자신의 정부를 살해한 것이다.

이해하려 해도 이해되지 않는 일일 것이다. 하지만 이 이야기는 살인과 종신형에 관한 것이라기보다 우정에 관한 것이다. 내 친구 짐 제임슨Jim Jameson은 대부분의 사람들과 달리 그의 옛 룸메이트와 관계를 끊지 않았다. 그를 포용하고, 더 깊은 우정을 유지했다. 분명 이것은 보통 사람들의 관념에 어긋나는 매우 특이한 반응일 것이다. 이 일을 계기로 두 사람은 수십 년 동안 편지를 이어갔고, 그 내용은《장애물을 넘어》라는 책으로 출간되었다.[05]

그들이 함께한 여정을 통해 내 친구는 무조건적 사랑의 본질에 대해 생각하게 되었다. 여기서 의문이 생긴다. 최악의 범죄에도 불구하고 우정이 지속될 수 있을까? 살인자에게도 구원이 존재할까? 종신형을 받은 사람도 희망을 품을 수 있을까?

두 사람은 흔치 않은 우정과 헌신을 발견했다. 두 사람은 관계를 파기하지 않음으로써 영원히 바뀌었고, 대부분의 사람들이 경험하지 못하는 사랑과 신의를 공유했다. 아우구스티누스가 수세기 전에 했던 말이 생각난다.

"그들은 나의 진정한 형제들입니다. 그들은 내 속에서 선을 보건, 악을 보건 여전히 나를 사랑하기 때문입니다."

때로 예기치 않은 은혜와 사랑을 받았을 때 우리는 놀란다. 제임스 보텀리가 친구에게 버림 받지 않은 것이 바로 그런 경우다.

인간적 연대와 소속감에 대한 갈망은 흔히 그것을 상실했을 때 드러난다. 엄청난 부자인 헤지펀드 관리자 조셉 "칩" 스코우런 3세Joseph "Chip" Skowron III는 내부자 거래로 5년간 연방 교도소에 복역한 뒤 코네티컷 주에 있는 작은 마을 그리니치로 돌아왔다. 그 후 그는 동료들의 편견과 공허감에 시달렸다. 그는 말했다.

"나는 교도소가 가장 편안합니다."

교도소는 그에게 공동체와 우정을 제공했고, 그를 판단하지 않았다. 투옥 이전 자신의 삶을 회상하며 그는 이렇게 말했다.

"나는 중요한 인물이 되고 싶었습니다. 성과를 쌓아 성공하고 만족감을 느끼고 싶었습니다. 그런데 그것은 모두 환상이었습니다."

석방 후 그는 매주 교도소를 찾아가 복역 중인 사람들을 격려하며 진정한 관계를 쌓았다.[06]

백악관에서 일할 당시 나의 상사였던 로버트 "버드" 맥팔레인Robert "Bud" McFarlane 국가안보좌관은 자살 미수라는 어두운 터널을 빠져

나와 나에게 놀라운 이야기를 들려주었다.

자살 시도 다음날 그는 시블리 병원에서 깨어났고, 침대 옆에는 리처드 닉슨 전 대통령이 서 있었다. 이때는 그가 불명예스럽게 사임한 지 한참이 지난 뒤였다. 닉슨은 다리에 생긴 혈전으로 무척 고생했다. 이 병으로 말년에는 비행기를 타지 못했을 정도다. 하지만 닉슨은 뉴욕에서 비행기를 타고 와 버드 곁에 앉아 그의 의식이 돌아오길 기다렸다. 그날 그가 전한 유일한 메시지는 가슴에서 우러난 짧은 몇 마디였다.

"난 자네가 지금 느끼고 있는 절망을 경험했네. 자네를 향한 하나님의 목적은 아직 사라지지 않았네."

닉슨은 이 짧은 말을 전하기 위해 위험을 감수하고 비행기를 탄 것이다. 닉슨은 기꺼이 자신의 도움이 필요한 사람에게 '상처 입은 치유자'가 되어 주었다. 그렇다, 진정한 우정은 대가를 바라지 않는다.

힘들 때 친구가 조용히 나타나 지지하고 함께해 주는 것만큼 힘이 되는 일이 있을까? 스킵 라이언Skip Ryan은 나에게 그런 친구였다. 넬슨 만델라가 석방되기 전 나는 국무부에서 힘든 직책을 맡게 되었다. 일은 힘들고 복잡했다. 남아프리카공화국의 아파르트헤이트가 제기한 힘든 과제에 대해 미국의 대응 전략을 수립하는 일이었다. 어느 날 스킵이 불쑥 나타나더니, 자신의 일과 개인적인 문제를 제쳐놓고 나를 도와주겠다고 했다. 우정은 이런 것이다. 닉슨과 나의 친구 스킵처럼 불쑥 나타나 그냥 함께 있어줌으로써 희망과 가능성을 불러일으키는 것, 이것이 우정이다.

미네소타 주지사 알 퀴에Al Quie가 그의 친구이자 워터게이트 사건을 저지른 척 콜슨Chuck Colson에게 남은 형기를 채우라고 말했을 때 그의 마음속에 있던 것은 희생이었다. 당신은 콜슨이 미국 정치계에서 인기 있는 인물이 아니었다는 것을 기억할 것이다. 그는 '닉슨의 악랄한 청부업자'로 회자되었는데, 적절한 표현이었다. 한때 그는 닉슨을 재당선시키기 위해 자신의 할머니를 차로 치었다는 자랑을 하기도 했다. 알 퀴에가 자신이 콜슨 역할을 대신할 수 있는 합법적인 방법을 찾았다고 말했을 때 나는 경악했다. 알 퀴에는 콜슨을 면회하고, 그를 위해 기도하고, 그의 가족을 위해 재정 지원을 하기도 했다. 콜슨의 고립감은 분명히 친구 덕분에 상쇄되었다.

고립은 비단 감옥에 간 사람이나 자살을 생각하는 사람뿐만 아니라 우리 모두에게도 다가올 수 있다. 《외로운 도시》에서 올리비아 랭Olivia Laing은 고독의 진정한 본질에 대해 잘 묘사한다.

사실 고독은 친밀을 경험하려는 강한 욕구다. 하지만 단순히 의지나 잦은 외출 등으로는 채울 수 없으며, 친밀한 관계를 발전시킬 때 가능하다. 친밀은 말하기는 쉽지만 실제로 경험하기는 어렵다. 특히 상실이나 추방, 편견에서 비롯된 고독을 경험한 경우에는 더 그렇다. 이들에게는 다른 사람들과 사귀는 것에 대한 갈망뿐만 아니라 두려워하거나 불신할 만한 이유도 함께 있기 때문이다.[07]

스크린이 우리의 모든 움직임을 둘러싸고 있기 때문에 인간의 진정한 소통은 훨씬 더 귀하고 드물다. 손으로 직접 쓴 쪽지가 디지털 시대에 특별히 인상적인 이유다. 1970년대 초, 앨빈 토플러Alvin Toffler가《미래의 충격》을 썼고, 밴스 패커드Vance Packard는《낯선 자들의 국가》를 썼다. 하지만 누구도 전례 없는 풍요와 편리한 과학기술이 우리를 더 멀리 분리시킬 것이라고는 예상하지 못했다. 젊은 사람들은 우정을 다시 정의하고 있고, 전자기기를 통해 친구를 만나며, 온라인으로 우정을 유지하고 있다. 이것은 단순히 디지털 시대의 우정의 새로운 현상 또는 표현일까? 이런 현상을 염려해야 할까?

과학기술이 유발하는 아동 질환 연구에 전념해 온 하버드대 의학클리닉 책임자는 나에게 두 가지 엇갈린 사실을 말해 주었다. 첫째, 아이들의 3분의 2가 한 번도 직접 만난 적이 없는 '절친'을 갖고 있다. 둘째, 그가 가장 많이 치료하는 질병은 '수면 부족'이다. 아이들이 밤에 전자기기를 끄지 않기 때문에 전화 소리와 소음에 계속 깨어 있고, 깊은 잠에 들지 못한다. 아마도 이것은 가장 현대적인 강박인 기회를 놓치고 싶지 않은 마음에서 비롯되는 것으로 보인다.

19세기 후반 전화가 도입되었을 때 사람들은 전화가 가정에 침범하여 가족이 파괴될 것을 두려워했다. 사실 각 시대는 과학기술이 남용되는 것을 두려워한다. 새로운 과학기술이 등장할 때마다 그로 인해 우리가 무엇을 상실하고 얻을 가능성이 있는지 논의하는 것은 중요하다. 확실한 것은, 새로운 과학기술이 등장할 때마다 우리가 연결될 가능성이 더 커진다는 것이다. 당신은 온라인에서 어떤 종류의 개인적인 대화를 나누는가? 오프라인에서는 어떤 대화를 나누는가? 당신은 진정한 관계를 추구하는가? 수많은 친구와 온라인상의 '좋아요'에도 불구하고 당신은 외로운가? 우리는 이런 질문들을 깊이 고민해야 한다.

그랜트 연구는 하버드대학교 2학년 268명의 생애에 관한 종단적 연구로, 지금까지 수행된 최장기 추적 연구다. 1939년 이 프로젝트를 시작할 때 여성을 포함시키지 않은 것을 포함해 몇 가지 한계가 있긴 하지만 시간이 경과함에 따라 관찰 집단의 가치와 삶의 다양한 측면에 관한 자료를 매년 수집함으로써 인간에 대한 독보적인 연구 결과를 제공한다는 점에서 의미가 크다. 게다가 이 연구는 이론적인 작업이라기보다 목적이 있는 행복한 삶을 가능하게 하는 것에 대한 실제적인 조사다.

조지 베일런트George Vaillant 하버드대 정신과 의사는 1972년부터 2004년까지 이 중요한 연구의 일부를 진행하는 책임을 맡았다. 그의 말에 따르면 "지금까지 가장 중요한 연구는 단연코 인생에서 관계가 중요하다."는 것이다. 베일런트는 남자가 성공적인 커리어와 돈, 건강을 가진다 해도 지지하고 사랑하는 관계없이는 행복할 수 없다고 말한다.[08] 이것은 실제 조사에 기초한 연구를 통해 드러난 분명한 결론이다.

그러나 여전히 질문은 남는다. 그렇다면 왜 우리는 공허를 채워주는 관계를 외면하고 빛나는 것들을 쫓아갈까? 경험에서 나온 소리가 실마리를 제공할지도 모른다.

애틀랜타에서 활동하는 작가이자 친구 사이인 스티브 프랭클린 Steve Franklin과 한 동료는 100세 이상의 노인 500명을 대상으로 행복하고 보람 있는 삶의 비밀과 지혜에 대해 질문하는 매우 흥미로운 프로젝트를 수행했다. 조사 결과 노인들이 가장 많이 언급한 것은 감사, 믿음, 다른 사람과의 지속적인 관계 유지였다.[09]

고독은 정서적 차원에만 상처를 주지 않는다. 이 연구는 고독이 비만 못지않게 노인들의 건강에 영향을 미친다는 점을 강조한다. 시카고대학 심리학 교수 존 카치오포 John Cacioppo는《인간은 왜 외로움을 느끼는가》에서 고독이 정신적·육체적 건강에 영향을 미치며, 만성적인 고독은 흡연과 비만, 운동 부족과 함께 건강에 부정적 영향을 미치는 요인이라는 증거가 있다고 말한다.[10] 고독한 상태는 실제로 인간을 파괴한다.

슬프게도, 고독은 심지어 자살에 이르게 할 수도 있다. 베스트셀러 작가인 게일 쉬히 Gail Sheehy는《남자의 인생 지도》에서 수백 명의 남자를 대상으로 삶의 다양한 측면에 대해 질문했다. 그녀는 이 조사에서 자살한 사람들의 평균 연령은 63세라고 밝혔다.[11]

왜 그럴까? 아마도 그 연령의 남자들은 은퇴를 했지만 바라는 것을 이루지 못했을 수 있다. 아니면 자신이 가지고 있던 기업을 매각했거나 은퇴할 기약도 없이 무의미한 일에 붙들려 있을 수도 있다. 어느 쪽이든 그들은 수십 년 동안 쉬지 않고 열심히 일해 왔고, 오직 일을 통해서만 자신의 정체성을 확인하고 자부심을 느껴왔을 것이다. 이런 인위적인 버팀목이 갑자기 사라지면서 불안하고 고독한 인생의 새로운 장을 맞이했을 것이다.

프랑스의 시인 토마스 머튼Thomas Merton은 우리가 '존재자'보다 '행위자'가 되려는 경향이 있다고 말했다. 머튼은《인간은 섬이 아니다》에서 "존재 능력이 작을수록 행위 능력이 더 커진다."라고 밝혔다.[12] 일이 사라지면 엄청난 공허감이 찾아온다. 내 경험에 의하면, 특히 남성들은 인생의 후반기에 이해하거나 헤쳐나가기 힘든 지형을 만난다. 많은 남성들이 이때 자신이 느끼는 감정을 표현할 언어와 그런 지형을 통과할 때 필요한 도구가 무엇인지 몰라 당황한다.

관계의 중요성은 은퇴나 인생의 막바지에만 해당되는 것이 아니다. 우리는 친구라는 존재가 주는 힘을 과소평가해서는 안 된다. 당신의 모든 순간에 친구는 당신이 현실 감각을 잃지 않도록 해준다. 당신이 고민에 싸여 있을 때 통찰을 제시해 주고, 세상이 넓다는 것을 일깨워 주며, 상황을 균형 있게 바라볼 수 있도록 도와준다. 당신이 덫에 빠졌다는 느낌이 들거나 두려움에 빠져 있을 때 자신감을 북돋워주고, 당신이 혼자가 아니며 우리 모두 비슷한 어려움을 겪는다는 것을 말해 주는 것도 친구의 역할이다. 당신이 더 중요한 것을 우선순위에 놓지 않을 때도, 심지어 나쁜 선택을 하는 순간에도 친구는 경각심을 일깨워 준다.

하루하루 사는 게 바쁘고 성공에 집착하는 사람에게는 우정이 사치품처럼 보일 수 있다. 하지만 우정은 더 큰 의미를 추구하는 모든 사람에게 핵심 가치가 되어야 한다. 인간은 관계를 맺도록 만들어졌다. 관계는 영혼의 산소다. 우리는 관계를 바쁜 일과 중 하나, 곧 중요한 시간으로 포함해야 한다. 나는 지금 피상적인 친구에 대해 말하는 것이 아니다. 우정이 진정한 가치를 지니려면 진실하고 깊어야 하며, 아울러 위험과 취약함까지 감수해야 한다.

인맥을 넘어서 —

나는 인맥이란 용어를 혐오한다. 인간관계의 풍성함을 넘어 직업적 야망을 달성하도록 도와주는 단순한 상품으로 축소하는 것 같아서이다. 동료나 선배를 유용성으로만 보아서는 안 된다. 당신이 관련 업계 사람들과 진정한 관계, 다시 말해 신뢰를 형성하면 그들은 당신이 큰일을 할 수 있게 도와준다. 하지만 이런 도움은 신뢰 관계를 형성하기 위함보다는 부수적인 결과여야 한다.

상호 이익이야말로 우정의 진정한 본질이며, 두 당사자는 우정 관계를 통해 더욱 발전한다. 토마스 제퍼슨Thomas Jefferson과 제임스 매디슨James Madison의 오랜 우정을 생각해보라. 그들은 오늘날 미국의 특징을 확립하는 데 힘을 모았다. 새뮤얼 테일러 콜리지Samuel Taylor Coleridge와 윌리엄 워즈워드William Wordsworth는 혼자서는 쓸 수 없었을 시를 지을 수 있게 서로에게 영감을 주었다. 루이스와 톨킨이 지적·영적 우정을 나누었기에 수백만 권이 팔린 중요한 작품들을 쓸 수 있었다는 세

간의 평가는 정당하다. 수십 년 동안 투자 파트너로 지내온 워런 버핏과 찰리 멍거Charlie Munger의 관계 역시 특별하다. 버핏은 멍거의 호기심과 폭넓은 지식을 좋아하는데, 버핏은 이것이 그들의 투자와 멍거의 삶에 매우 귀중한 관점을 제공한다고 말한다.

우리는 발전하려면 친구가 필요하다고 생각하도록 세뇌되었다. 이 얼마나 슬픈 일인가. 당신이 이 엄청난 야망을 달성했다면 그 다음은 무엇일까? 유명한 CEO들이 거대 글로벌 기업의 수장이 된 후 서로를 위한 지원 모임을 만들었다. 회원으로는 펩시코의 CEO인 스티븐 레인먼드Steven S. Reinemund, GE의 제프 이멜트Jeff Immelt, 존슨앤드존슨의 빌 웰던Bill Weldon을 비롯해 몇 사람이 더 있었다. 그들의 목적은 사업을 발전시키는 것이 아니라 서로의 생각을 공유하고 우정을 나누는 시간을 갖는 것이었다.

그들은 자신들이 가진 공식적인 이력 때문에 고립되기 쉽다는 점을 알고 있었다. 그래서 '진실을 말해주는 사람'을 찾았다. 그들은 미디어는 물론 주주와 월스트리트가 쉴 새 없이 제기하는 압박에 수시로 직면했다. 그들과 같은 위치에 있지 않은 사람들은 극히 소수만 경험하는 특별한 도전을 이해하기 어렵다. 하지만 비슷한 지위에 있는 동료들은 새로운 시각을 제공할 수 있다.

잠언은 이렇게 말한다.

"철이 철을 날카롭게 하는 것 같이 사람이 그의 친구의 얼굴을 빛나게 하느니라."[13]

존슨앤드존슨의 빌 웰던은 회사가 큰 타격을 입을 수도 있는 타이레놀 스캔들이 터졌을 때 이 모임의 한 CEO가 뉴브런즈윅의 사무실로 와 그와 함께 있어 주었다고 나에게 말했다. 때로는 신뢰하는 친구와 그냥 함께 있어 주는 것이 어떤 조언 못지않게 강력하다.

신뢰 관계를 만드는 것이 중요하다. 하지만 이런 관계는 항상 당신이 끌리는 사람과만 맺는 것이 아니다. 성장 배경과 삶의 경험이 다른 사람과도 관계를 맺을 수 있다. 개인적으로 나는 흑인 남성을 위한 오래된 교육 기관인 무어하우스 대학의 이사로 활동하면서 많은 것을 얻었다. 나는 그곳에서 소수파였다. 대학 이사회에서 탁월한 리더들과 함께 시간을 보내고 우정을 나누는 것은 좋은 자극을 받고 큰 깨달음을 얻는 시간이었다. 그들은 삶을 다르게 보았고, 그것은 내 삶을 풍성하게 하고 지도자로서 나의 경험을 넓혀주었다.

1983년 어느 날 밤, 아프리카계 미국인 다릴 데이비스Daryl Davis는 새로운 경험을 했다. 그와 그의 컨트리 밴드는 트럭 휴게소 라운지에서 공연을 하고 있었다. 잠깐 휴식을 취하고 있는데, 그의 피아노 연주에 감탄한 한 백인 남성이 다가와 그에게 술을 사주겠다고 말했다. 그러면서 그는 지금까지 흑인 남자와 술을 마신 적이 없으며, 자신이 심지어 백인우월주의 단체인 KKK의 열성적인 회원이라고 말했다.

데이비스가 웃음을 터트리자 그 남자는 KKK단 회원증을 슬며시 내밀었다. 데이비스는 의문이 들었다. '나를 알지도 못하는 사람이 어떻게 나를 증오할 수 있지?'

그는 이 질문에 대해 알아보기로 결심했다. 그리고 그 과정에서 그가 만난 KKK단원 프랭크 제임스Frank James는 세계관이 뒤집혔다. 데이비스를 알게 되면서 제임스의 관점이 급격히 바뀐 것이다. 그는 인종 차별과 편견이 얼마나 나쁜 것인지 깨달았다. 하지만 그가 이렇게 변하게 된 결정적 계기는 정보가 아니라 관계였다. 그는 결국 KKK단을 그만두었다.

하지만 데이비스는 한 사람으로 끝내지 않았다. 그는 전국을 돌면서 여러 명의 KKK 회원을 만났다. 그의 머릿속에서는 처음에 품었던 의문이 떠나지 않았다.

'나를 알지도 못하는 사람이 어떻게 나를 증오할 수 있지?'

데이비스는 많은 KKK단 회원들과 친구가 되었다. 그중에는 이 단체의 최고위 직책을 맡고 있는 임페리얼 위저드 로저 켈리Roger Kelly도 포함돼 있었다. 20년 이상 KKK단에 몸담았던 켈리는 데이비스와의 우정으로 인해 그 단체를 떠났다. 그는 데이비스에게 사죄하고, 마음의 변화를 상징하는 표시로 자신의 가운과 두건을 그에게 주었다. 지금도 그는 데이비스의 가장 친한 친구다.[14]

모두가 알다시피 미국 내의 분열과 불신은 높은 수준이다. 해군장관 존 돌턴John H. Dalton의 격려와 책망 덕분에 몇몇이 최근 뜻밖의 연대 관계를 공개적으로 보여주기 위해 오찬 행사를 시작했다. 참석자들은 메울 수 없는 차이에도 불구하고 서로를 진정한 인간으로 바라보는 길을 찾기 위해 노력했다. 여기에 배경과 세계관이 엄청나게 다른 두 사람, 이맘 모하메드 마지드Imam Mohamed Magid와 밥 로버츠 주니어 Bob Roberts Jr. 목사가 참여하면서 이 모임은 더 활기를 띠었다. 마지드는 수단 출신 이슬람교 성직자로 둘레스 지역 이슬람교협회의 지도자이자 북미이슬람교협회의 전 회장이다. 그는 FBI의 신뢰받는 친구일 뿐만 아니라 오바마 대통령과 부시 대통령의 핵심 고문이기도 했다. 로버츠는 텍사스 주 포트워스 지역의 대형 복음주의교회 목회자다. 그의 고백에 따르면 로버츠는 열렬한 보수주의자이며, 전미총기협회의 정회원이다.

이런 두 사람이 만나 교류하면서 각자의 신앙 공동체에 대한 편견을 극복하기로 했다. 그들은 서로 상대방의 집회에서 강연하고, 함께 세계를 여행했다. 그리고 그들의 공동체에 속한 사람들에게 자신들처럼 해보라고 촉구했다. 두려움과 편견을 물리치고 서로를 인간과 가족으로 받아들이라고 설득했다. 두 사람이 보여주듯 일단 신뢰가 형성되면 서로를 분열시키는 까다롭고 민감한 문제에 대해 대화를 나누면서 해결책을 모색할 수 있다.

나는 당신에게 새로운 시각으로 현실을 보게 하는 사람을 만나라고 권하고 싶다. 그 사람은 인종, 종교, 정치적 신념이 다른 사람일 수도 있고, 살아온 모습이 완전히 다른 사람일 수도 있다. 내 경험으로 보건대, 일단 어떤 집단에 속한 사람과 연결되면 그 집단에 대한 선입관이 급격히 사라진다.

몇 년 전 나는 〈워싱턴포스트〉 지에 워싱턴 정가의 당파적 분열에 대해 농담조의 기사를 썼다. 그러면서 나는 가장 부유한 워싱턴 지역의 주거비를 비난했다. 단적으로 연방의회 의원들도 이곳에서 살 형편이 못된다. 이전에는 의원들이 가족과 함께 워싱턴으로 옮겨왔고, 그것은 당연한 것으로 여겨졌다. 그리고 이에 대한 부대 효과로 정치계밖에서 다양한 관계가 형성되었다. 하지만 지금은 다르다. 의원들의 가족은 살던 곳에 남고 의원들만 주당 며칠간 워싱턴DC로 통근한다. 하원의장 폴 라이언Paul Ryan은 의회 회기 동안 사무실 소파에서 잤다. 의원들은 더 이상 서로를 친구로 여기지 않기 때문에 쉽게 다른 사람을 비난한다.

나의 오랜 친구인 플로리다 주 빌 넬슨Bill Nelson 상원의원은 우주여행을 떠난 두 번째 의원이다. 우주선 창문으로 지구를 바라보며 그는 '우리는 모두 무한한 공간 속 이 작은 행성에 함께 살고 있는데 왜 사소한 문제를 두고 사사건건 싸울까' 하는 의문이 들었다고 한다. 사람들은 흔히 나와 다른 사람 사이에는 차이점이 더 많다고 생각하는데, 실은 공통점이 더 많다.

국무부에서 일할 때 골드만삭스의 전 사장이자 나중에 국무부 부장관을 역임한 고故 존 화이트헤드John C. Whitehead와 함께 일할 기회가 있었다. 후텁지근한 어느 여름 아침, 내가 국무부 부장관과 함께 증언을 하려고 국회의사당으로 갈 때 그는 워싱턴 정가의 좋지 않은 분위기에 대해 한탄했다.

"월스트리트의 사람들은 등을 찌른다네. 여기서는 카메라가 돌아갈 때는 좋은 말을 하지만 카메라가 없으면 배를 찌르지."

나는 위험을 감수하고 워싱턴에는 신뢰와 우정을 보여주는 인사도 있다고 말했다. 내 말에 화이트헤드는 호기심을 보였고, 나는 그를 위해 조찬 모임을 마련했다. 나는 그 자리에 뉴멕시코 주 출신의 상원의원이자 예산위원회 의장인 공화당원 피트 도메니치Pete V. Domenici와 그의 민주당 파트너인 플로리다 주 상원의원 로턴 칠레스Lawton Chiles를 초대했다. 우리가 함께 자리에 앉자 상원의원들은 당파를 초월한 우정에 관해 말했다. 그들은 이런 우정을 통해 서로를 신뢰하고 문제를 해결할 수 있었다.

그 주가 끝날 무렵, 화이트헤드에게 전화가 걸려왔다. 방금 전 도메니치와 칠레스를 만나 미국 케이블 텔레비전 네트워크의 예산 문제를 놓고 논쟁을 했다며, 그들 사이의 깊은 신뢰와 배려 덕분에 타협이 가능했다고 말했다. 칠레스가 심근경색으로 건강에 문제가 생겼을 때 그 힘든 시간 내내 그의 옆을 지킨 사람은 그의 친구 피트 도메니치였다. 도메니치는 칠레스를 격려하고, 그의 회복을 위해 기도했다.

둘의 모습에 화이트헤드는 감동했고, 그들과 함께하는 소그룹의 일원이 되고 싶어 했다. 바로 다음 주, 화이트헤드와 나는 미국 합참의장 데이비드 존스David Jones와 일리노이 주 상원의원 찰스 퍼시Charles Percy, 그 외에 몇몇 사람들과 만나 그들의 우정을 지지하는 모임을 준비했다. 이 모임은 지금까지 계속되고 있으며, 우리는 각자의 과제와 희망에 대해 얘기한다.

우리가 당면한 문제들을 생각하면 이런 우정이 불신에 대한 해결책이 될 수 있다는 생각 자체가 허술해 보일 수 있다. 하지만 우정이 완전한 대답이 될 수 없을지는 몰라도 성공을 위한 중요한 요소인 것은 분명하다. 직업적으로 함께할 동업자를 찾든, 정치적 적수와 손을 잡든 핵심은 같다. 아무런 의제도 없이 시간을 함께 보내고 서로의 생각을 나누면서 진정한 친구가 되는 법을 배우는 것이다. 우정은 우리 삶의 의미를 제공한다. 우정은 우리의 중심을 타인에게 드러내지만 그 위험을 감수할 만큼 가치가 있다. 행운이 따른다면 어려운 시기에 친구들과 함께하는 순간을 경험할 수 있다.

한 번은 오스트리아 외교관들 사이에서 우정의 탁월한 모습을 목격했다. 국회의원 요제프 호흐틀Josef Hochtl과 오스트리아 외무부장관 알로이스 모크Alois Mock에게 한 가지 문제가 생겼다. 장관의 건강과 기억에 문제가 생겼는데, 아무도 그에게 이 사실을 알려주려고 하지 않았다. 하지만 개인으로서 그리고 국가를 위해서도 그에게 사실을 알리는 것이 중요했다. 게다가 점점 많은 사람들이 그를 걱정하고 있었다.

나의 친구 요제프는 오스트리아 최대 TV방송국 사장에게 도움을 청했다. 그는 알로이스가 지난 15년 동안 발표한 기자회견 영상을 부탁했다. 이 자료는 알로이스의 인지 기능이 쇠퇴하고 있다는 증거를 보여주기에 충분했다.

두터운 신뢰 관계인 두 사람의 만찬 자리에서 조세프는 알로이스에게 영상을 보여주었다. 화면이 나오자 외무부장관은 스스로 자신의 인지 능력에 문제가 생겼음을 분명히 인지하게 되었다. 조세프는 겁이 났지만, 둘의 우정으로 이를 견딜 수 있을 것이라 믿었다. 그들은 함께 울었고, 알로이스를 위해 치료 계획을 포함한 실행 가능한 계획에 대해 논의했다.

이 둘 사이의 특별한 우정을 생각할 때면 디나 크레이크Dinah Craik 가《생명에는 생명으로》에서 다정한 관계에 대해 묘사한 내용이 떠오른다.

"오, 편안한 사람들은 생각을 따져보지도, 단어를 저울질할 필요도 없이 있는 그대로 진담과 농담을 섞어가며 곧장 쏟아낸다. 신실한 손이 그것을 붙잡아 체로 거르고 간직할 가치가 있는 것만 간직하고, 친절의 숨결이 나머지는 날려버린다."[15]

진정한 친구는 당신의 단점과 장점을 모두 바라보며, 그것을 모두 기억하면서도 당신을 여전히 사랑한다.

위대한 멘토를 찾으라 ─

멘토링은 지식이 더 많은 사람이 특정 전문 분야에서 경험이 미숙한 사람을 지도하는 관계를 뜻한다. 멘토링의 역사는 인류의 역사만큼이나 오래되었다. 이 용어는《오디세이》에서 유래했는데, 오디세우스는 아들 텔레마쿠스를 가족의 오랜 친구인 멘토Mentor에게 맡긴다. 그러고는 트로이 전쟁을 위해 떠나 있는 동안 멘토에게 아들을 도와주고 지도해 줄 것을 부탁한다. 다시 말해 멘토링은 우정의 다른 방식이기도 하다.

위대한 멘토는 우리의 삶을 바꾼다. 고등학교 시절 나는 다행스럽게도 척 라인홀드Chuck Reinhold를 만났다. 척은 나와 같은 청소년에게 큰 매력을 지닌 젊은 리더였다. 잘생기고, 재미있고, 똑똑하고, 뛰어난 운동선수였던 척은 마이크 디트카Mike Ditka와 함께 피츠버그 풋볼 팀에서 뛰고 있었다. 척은 나의 멘토이자 친구가 되었다.

척은 나에게 인간관계에서 무조건적 사랑이 지닌 가치에 대해 가르쳐 주었으며, 굳건하고 강하면서도 친절한 신앙을 보여주었다. 그는 항상 나와 함께하면서 나를 격려하고 나의 지평을 넓혀준 사람들과 사상을 소개해 주었다. 한마디로 척은 나의 첫 번째 멘토였다. 요약하면, 그는 나의 인생 코치가 되어 내가 게임을 더 잘할 수 있도록 지도하고, 격려와 도전을 제공했다. 훌륭한 코치는 이렇게 한다. 우리에게는 모두 멘토가 필요하다. 우리가 얼마나 성공하든 상관없이 말이다.

K는 듀크대학의 전설적인 남자농구 감독이다. 노스캐롤라이나대학 동문이기도 한 그는 정말이지 특출한 사람이다. 한번은 K가 나에게 자신과 마이클 조던에 관한 이야기를 들려주었다. 조던은 역대 최고의 농구 선수로 찬사를 받는 사람이다.

K 감독은 1992년 올림픽 당시 미국 '드림팀'의 코치를 역임했고, 조던은 그의 선수 중 한 명이었다. 한 차례 훈련을 마친 뒤 조던이 K에게 잠시 남아줄 수 있는지 물었다. K는 '조던이 훈련을 할 때 그의 앞에서

공을 낚아챌 훈련 보조원이 필요한가 보다'라고 짐작했다. 두 사람만 남게 되었을 때 조던이 말했다.

"코치님은 제 점프 슛 동작에 대해 누구보다 잘 아십니다. 저의 슛 동작을 한 번 봐주시겠습니까? 슛을 더 잘 던지고 싶습니다."

세계 최고의 농구 선수가 개선점을 찾기 위해 개인 교습을 요청해 온 것이다.

솔직히 말해 나는 다음 세대들에 대한 걱정이 크다. 많은 젊은이들이 멘토를 찾지만 진정한 멘토를 찾기가 쉽지 않다. 쉴 새 없이 돌아가는 세상에서 나이 든 사람들은 자신의 일에 바빠서 젊은이들의 삶에 관심을 기울일 여유가 없다. 젊은이들의 이직률이 높다 보니 진심어린 멘토링이 오히려 경쟁 상대를 훈련시키고 있는 것이 아닌가 하는 우려도 있다.

예전에는 다음 세대에 지혜를 돌려주는 것이 선배들의 역할 중 하나로 간주되었다. 하지만 오늘날 청년들에게는 부모의 지원도 없고, 그들의 삶을 적극적으로 도와주는 멘토도 없다. 그 결과 많은 사람들이 길을 잃고 헤매고 있다.

당신이 어떤 분야의 경력자라면 기술이나 경험이 없는 사람들에게 관심을 가져줄 것을 부탁한다. 멘토링 관계는 발전할 수 있다. 당신이 훈련과 경험이 필요하다면 두려워하지 말고 멘토를 찾아보라. 가르칠 내용이 있는 사람을 찾아보라. 당신이 열망하는 것을 이미 성취한 사람을 찾아보라. 그리고 용기를 내 자신의 부족함을 인정하고 도움을 요청하라. 대부분의 사람들이 얼마나 자신의 지혜와 경험을 기꺼이 나누고 싶어 하는지 알게 되면 놀랄 것이다.

곧장 뛰어들어라 ─

관계는 삶의 중심이다. 깊은 관계가 없다면 우리의 정신과 몸은 쇠퇴한다. 하지만 친구가 되는 법에 대한 교육은 거의 없다.

진정한 우정을 쌓는 최선의 방법은 관계에 정성을 쏟는 것이다. 위험을 감수하라. 용감하게 자신의 연약함을 드러내고 자신을 공개하라. 약점을 나누라. 집단에 가입하라. 경계를 넘어. 지도를 요청하라. 지혜를 기꺼이 나누라. 연결 가능성을 열어두라. 그리고 일단 관계 맺기가 시작됐다면 관계가 성숙할 시간을 기다려라.

그렇다면 누가 당신과 진정한 우정을 나눌 수 있을까? 결함이 없거나 실패한 경험이 없는 사람을 찾지 마라. 그런 사람은 세상에 존재하지 않는다. 인생에서 가장 좋은 친구는 나와 비슷한 사람이다. 나의 깨진 부분, 나의 부족한 부분, 그리고 승리뿐만 아니라 방황도 함께 기꺼이 나눌 사람이 나의 친구다. 우리는 완전을 추구하고, 강점과 일관성을 보여주길 원하도록 만들어졌다. 하지만 약점을 인정하지 않는 한 결코 좋은 친구가 될 수 없다. 반복하건대, 용기를 내서 당신의 진짜 모습을 나누어라.

작가이자 영문학자인 C. S. 루이스도 우정의 가치를 높이 평가한다. 그는 하나님의 관점으로 유한한 인간을 본다.

> 장차 하나님의 영광스러운 자녀가 될 가능성 있는 사람들과 함께 산다는 것은 예삿일이 아닙니다. 우리가 대화를 나누는 가장 둔감하고 가장 신통치 못한 사람도 언젠가, 우리가 지금 미래의 그를 본다면, 그를 경배하고 싶은 강한 유혹이 생길 수도 있다는 것을 기억한다면 말입니다. …… 평범한 사람은 아무도 없습니다. 우리가 대화를 나누는 사람은 죽어서 사라질 보잘것없는 인간이 결코 아닙니다.[16]

우정이야말로 고독과의 싸움을 끝내는 방법이다. 그러기 위해서는 시간과 마음을 쏟고 연약함을 받아들여야 한다. 그런 노력을 기울인다면 더 오래 살고, 더 만족스러운 삶의 여정을 걷게 될 것이다.

진정한 우정을 갖고 있는가?

미국인들은 고독하다.
미국 성인의 약 절반이 때로 또는 항상 외롭거나 버림받았다고 느낀다고 말한다.

- 시그나의 최고경영자 데이비드 M. 코다니 David M. Cordani

일기를 쓸 때 다음의 질문과 행동을 깊이 생각해보라.

• 친구란 무엇인가? 당신의 부모님은 친구가 있는가?

• 우정을 키우는 것이 왜 중요한가? 성공한 사람들은 신뢰할 만한 친구가 있는가?

• 고립감을 느끼는가? 그렇다면 무엇 때문이라고 생각하는가?

• 왜 당신은 연약함을 내보이는 것을 두려워하는가? 누구와 함께 있을 때 당신
  은 연약함을 드러냈는가? 그 경험은 어떠했는가?

• 당신은 사람을 쉽게 신뢰하는가? 친구에게 배신을 당해본 경험이 있는가? 당
  신의 신뢰가 지금의 당신에게 어떤 영향을 미쳤는가?

• 이상적인 우정에 대해 기술해보라. 당신은 그런 이상에 가까운 우정을 경험한
  적이 있는가? 당신은 누군가에게 이상적인 친구가 되어 주고 있는가?

Rethinking Success

세 번째 질문

✕

삶에 감사하는가?

나는 감사가 최고의 사고 형태라고 말하고 싶다.

감사에 경탄이 더해지면 행복이 두 배로 늘어난다.

— 영국의 수필가 G. K. 체스터턴G. K. Chesterton

감사하기 위해 더 많이 노력할수록

언젠가는 자연스럽게 더 많이 감사하게 될 것이다.

감사는 나선형 효과가 있다.

우리가 더 많이 감사할수록 다른 사람에 대해

친화적인 행동을 할 가능성이 많아진다.

그 결과 다른 사람들이 감사를 느끼면서

그 아름다운 미덕이 연쇄적으로 확산된다.

— 영국의 신경과학자 크리스찬 자렛Christian Jarrett

삶에 대해 감사하는 마음을 갖는 것이 인생에 어떤 영향을 미칠까? 당신의 할머니가 당신에게 "받은 복을 세어보아라."라고 말씀하셨던 순간을 기억해보라. 할머니가 옳았다는 것을 알게 될 것이다. 신경과학자와 심리학자들의 연구도 할머니의 조언을 뒷받침한다.

시간을 내 복을 세어보는 것이 왜 중요할까? 간단히 말하면 우리는 자신의 삶을 엉망으로 만드는 일들을 열거할 필요가 없다. 우리는 이미 그런 일들을 잘 알고 있다. 이런 일들 때문에 우리는 새벽 3시에 잠에서 깨어 안절부절못하며 와인 병을 딴다. 진정한 비결은 집중이다. 정기적으로 그리고 의식적으로 감사하게 느끼는 구체적인 것을 찾아내면 된다. 이렇게 하면 삶과 현실을 아주 다른 시선으로 바라볼 수 있다.

감사 메모, 감사 목록 작성, 축복 세기를 통해 우리는 그런 실천을 하지 않는 사람보다 더 낙관적이고 행복하게 살 수 있다. 감사의 유익은 여기서 그치지 않는다. 캘리포니아대학교 데이비스 캠퍼스의 심리학자 로버트 에먼스Robert Emmons와 마이클 맥컬로프Michael McCullough는 연구를 통해 감사를 실천하는 사람은 대조 집단에 비해 양질의 수면을 취하고 운동도 더 많이 한다는 사실을 밝혀냈다.[01]

템플대학에서 행해진 실험도 이를 뒷받침한다. 연구자들은 중증 환자를 두 집단으로 나누어 실험을 진행했다. 두 집단은 모두 의학적 치료를 받았는데, 이 중 한 집단에게만 감사를 느끼는 구체적인 일들을 들려주는 감사 핫라인에 전화를 걸게 했다. 나중에 확인 결과 전화를 건 환자들은 건강이 개선되었다. 혈압은 의학적 치료만 받은 대조 집단보다 더 낮아졌다.[02] 감사는 신체적으로나 정신적으로 위안이 된다.

감사에 관한 대부분의 연구는 그동안 성인에게 초점을 맞추었다. 하지만 연구자들은 감사 행위가 아이들에게도 유익한지 관심을 기울이고 있다. 더 많이 감사하는 사춘기 아이들은 덜 감사하는 또래보다 더 행복하고 학문적으로 더 열정적이며, 우울증이 적고, 불안과 반사회적 행동이 더 적다. 이어서 이 연구는 정상 궤도를 이탈한 사춘기 아이들에게 의미 있는 결과도 있다고 말한다. 즉 4년 이상 감사하는 분위기에서 성장하면 부정적 성향의 뚜렷한 감소와 사회 친화적 행동이 예상된다는 것이다.[03]

감사 목록 작성은 우리의 집중 대상을 바꾸어 잘못된 일보다는 삶에 유익하고 긍정적인 일에 관심을 쏟게 만든다. 항공기 조종사들의 중요한 업무 중 하나는 다양한 체크 리스트를 이용해 '상황 파악'을 하는 것이다. 이 목록은 조종사들이 자신의 임무에 중요한 사항을 절대 놓치지 않도록 설계되어 있다. 의료 분야에서도 실수와 의료 과실을 막기 위해 이와 비슷한 절차를 적용하고 있다. 당연히 개인적인 삶에도 이와 똑같은 방식으로 관심을 기울여야 하지 않을까? 의미가 풍성한 인생을 만드는 데 도움이 되는 요소들은 가까이에 있다. 어둡고 절망적인 일보다는 주변의 단순하지만 멋진 일을 깊이 생각하게 하는 리스트를 만들면 우리는 더 행복하고 살아 있음을 더 많이 느끼게 될 것이다.

세 가지 감사로 시작하라 —

매일 아침, 나는 감사한 일 세 가지를 적는다. 내 머리 위의 지붕, 괜찮은 건강, 전날 걸려온 친구의 전화, 탁자에 놓인 향기 가득한 커피 한 잔 같은 것들이 여기에 해당한다. 내가 기록하는 감사는 이렇듯 매우 평범하다. 하지만 이런 일상의 기쁨을 맛보는 과정에서 마음이 차분해진다.

연말이 되면 나에게 경탄과 행복을 선사하여 긍정적인 마음을 갖게 해준 수백 가지 목록이 쌓인다. 12월 31일, 나는 목록 카드에 구멍을 내어 철을 한 뒤 훗날 다시 볼 수 있도록 잘 보관해둔다. 그런데 일기를 쓰면 더 깊은 감사의 날들을 보낼 수 있다. 손으로 직접 쓰면 더더욱 좋다. 일기는 깊은 생각을 하게 만들어 줄 뿐만 아니라 내면에서 끊임없이 돌아가는 정신적 엔진이 쉴 수 있도록 해준다. 일기는 조용한 동반자다. 그것을 보기만 해도 평화로운 느낌이 든다. 나는 일기에 이슈나 문제에 대해 쓰는 행위를 통해 일하는 속도를 조절하고 다양한 대안을 고려할 수 있는 여유를 얻는다. 어떤 사람이 문제에 대한 구체적인 해결책을 제시하지 않고 단지 들어주었을 뿐인데도 안도감이 드는 경우가 있지 않은가. 이렇듯 이슈나 문제를 정확히 쓰는 과정에서 우리는 평온을 얻고 명료해진다. 이런 점에서도 일기는 유용하다.

또 하나, 도전 과제를 자세히 서술하는 것만으로도 자유와 안도감을 느낄 수 있다. 문제를 꼼꼼히 기록하고 조용히 숙고하면 더욱더 평온해진다. 다시 말해, 문제를 마음에서 종이 위로 옮기는 것이다. 사안을 정확히 기록하는 과정에서 문제에 대한 통제력을 얻을 수 있다.

하나님이 아담에게 제일 먼저 시킨 일은 동물들의 이름을 짓는 일이었다.[04] 고대 히브리인들에게 어떤 대상의 이름을 짓는 것은 그것에 대한 지배력이 있음을 의미했다.

의욕적인 지도자들은 쉴 새 없이 문제를 공략하여 효과가 있을 수도, 없을 수도 있는 임시방편을 찾으려고 한다. 때로 우리는 이런 전략이 삶에도 효과적일 것이라고 생각한다. 하지만 문제에 대한 과도한 집중은 파괴적인 습관이 될 수 있다. 이로 인해 감정이 막다른 골목에 이르면 헤어나기 힘들고, 결국 건강과 행복에도 나쁜 영향을 끼친다. 고대의 격언은 경고한다.

"당신의 생각이 곧 당신이 된다."

당신의 정체성은 생각하는 당신 자신이 아니라 당신의 생각 자체다. 강력한 마음은 집중이 필요하다. 일기 쓰기는 마음을 차분히 가라앉히고 더 큰 목적과 축복에 집중하도록 도와준다. 고무적인 생각, 메모, 감사 목록, 그리고 인용 구절을 담은 일기는 당신의 마음을 신선한 시각으로 채울 수 있다.

문제를 해결함에 있어 사업적 태도 대신 그 반대로 해보는 건 어떨까? 감사하는 마음을 일터에 적용해 보면 어떨까? 물론 별다른 효과가 없을 수도 있다. 하지만 직원이나 동료들을 다른 시각, 즉 공감과 감사의 눈으로 보면 어떨까? 그러면서 그들이 무엇을 소중히 여기는지, 그들의 행동과 태도는 어떠한지를 더 구체적으로 말해보라. 당신은 아마 그들에게 그렇게 말해본 적이 없을 것이다. 하지만 그들은 당신이 그들의 긍정적인 특성을 알고 있다는 사실에 놀랄 것이다.

몇 년 전, 나는 켄 블랜차드Ken Blanchard와 스펜서 존슨Patrick Spencer Johnson의 공저 《1분 경영》을 읽었다. 두 저자는 직원 관리에 대한 새로운 접근법을 소개하면서 조직과 팀을 이끄는 방법에 대한 간단하고 설득력 있는 비전을 제시했다.[05]

리더는 사람들이 일을 망치고 실수하는 것에 주목하기보다 조직을 위해 올바르고 긍정적으로 한 일에 주목해야 한다. 하지만 우리는 부정적인 것을 찾아내고, 그것에 에너지를 쏟고 집중하는 데 더 많은 시간을 할애한다. 그러면서 저자들은 직원들의 성과를 칭찬하면 그것 자체가 활기차고 의욕 넘치는 업무 환경을 만드는 토대가 될 것이라고 주장했다.

미식축구팀 댈러스 카우보이의 전설적인 감독 톰 랜드리Tom Landry 는 '어떤 사람이 제대로 한 일에 주목하는' 접근 방식을 사용했다. 랜 드리는 수없이 실패한 태클과 수많은 실수 장면을 선수들과 함께 보 는 대신 다른 방식을 택했다. 각 선수들의 가장 탁월한 경기 장면, 이 를테면 훌륭한 블록, 효과적인 태클, 성공적인 러닝, 놀라운 캐치와 같 은 최고의 장면들을 모은 하이라이트 영상을 보여준 것이다. 그가 그 렇게 한 근거는 이렇다.

선수들의 실수는 명백하고 이미 그들의 마음에 깊이 새겨져 있을 테 니 이제 탁월했던 플레이를 다시 보려는 노력이 필요하다. 결과적으로 랜드리는 선수들에게 각자가 보여준 탁월함을 상기시켜 주고 과거의 성 공을 반복하면 된다고 조언했다. 그러면서 선수들에게 이렇게 말했다.

"네가 승리한 경기를 그대로 따라하면 돼."

결혼과 관계에 관한 최고의 연구자인 존 가트맨John Gattman 워싱턴 대학교 심리학과 명예교수는 모든 관계에서 부정적인 상호 작용을 상 쇄하려면 다섯 가지 건설적인 상호 작용이 필요하다고 말한다.[06]

부정적인 것에 집착 하는 탓에 우리의 업무 환경이 매우 좋지 않다 는 사실이 놀라운가? 우리는 새로운 업무 방식을 개발하거나 감사를 더 많이 표현하거나 좋은 일에 더 많이 관심을 갖거나 건설적인 변화 와 격려 문화를 강화함으로써 나쁜 분위기를 바꿀 수 있다.

이런 접근법은 사업적으로도 좋은 의미를 갖는다. 기업들은 직원 채용과 훈련에 많은 비용을 지출한다. 직원이 더 오랫동안 일하게 하기 위함이다. 직원들은 자신이 소중한 인간이며, 회사가 인정하는 일원이 되기를 원한다. 직원 만족을 최우선으로 삼는 사우스웨스트 항공이나 코스트코, 델타 같은 기업들을 생각해보라. 이들은 각 분야에서 선두에 있으며, 직원들은 이들 기업에서 일하는 것을 자랑스러워한다. 누가 이런 기업 문화를 좋아하지 않겠는가.

암울한 시대의 도구 ─

우리 주변에는 상상할 수도 없는 고난과 역경을 당하고도 그것을 오히려 긍정적으로 생각하고 살아가는 특별한 사람들이 있다. 내가 아는 파티마 아랍자다Fatima Arabzada도 바로 그런 인물이다.

그녀는 아프가니스탄 출신이지만 이란에서 성장했다. 그녀는 열 살 때 피난민 캠프로 이주했다. 하지만 절망의 삶을 사는 대신 여동생, 친구와 함께 라디오 방송을 시작했다. 다른 젊은 아프가니스탄 사람들과 긍정적인 이야기를 나누고 싶었기 때문이다. 암울하고, 희망 같은 건 보이지 않았지만 상황에 굴복하기보다는 긍정적인 변화를 만들려고 한 것이다.

우리가 기회를 붙잡기만 하면 그 기회는 우리 것이 된다. 가능성이 앞에 놓여 있는데도 우리를 꼼짝 못하게 하는 패턴을 벗어나려면 연습이 필요하다. 내 말을 믿어도 좋다. 우리는 저마다 실망하고 분노할 충분한 이유를 갖고 있다. 많은 사람들의 말대로 "삶은 공평하지 않다." 경험을 통해 알듯이, 우리는 그동안 상처받고 평가 받고 때론 배신도 당했다.

그런데 감사를 습관화하면 가혹한 공격과 곤경을 넘어설 수 있다. 다시 말해 감사를 통해 고난에 용기 있게 직면할 수 있다. 다른 방식으로는 결코 깨닫지 못할 힘과 회복력을 발견할 수도 있다. 뉴욕양키스 팀의 스타 루 게릭Lou Gehrig를 생각해보라.

1930년 7월 4일, 게릭은 양키 스타디움에서 있었던 더블헤더 경기 사이, 잠시 쉬는 시간에 마이크 앞으로 다가섰다. 그리고는 6만 명의 팬 앞에서 개인적인 소감을 밝히는 연설을 했다. 그는 팬들의 친절과 격려에 감사를 전했다. 그는 근육이 위축되는 퇴행성 질환 진단을 받은 상태였다. 36세인 그는 기껏해야 앞으로 몇 년밖에 살 수 없으며, 시간이 지나면 삶의 질도 급격히 저하될 것임을 알고 있었다.

하지만 그날 그가 바라본 것은 그동안 누린 영광스러운 삶과, 팬, 동료, 가족들로부터 받은 사랑이었다. 그는 관중들을 숙연하게 만드는 말을 했다. 자신이 '지구상에서 최고의 행운아'라고 밝힌 것이다. 죽어가는 그는 피할 수 없는 비극 앞에서 겸손과 감사를 드러냈다. 사형선고나 다름없는 말을 듣고도 사람들로부터 아낌없는 사랑을 받은 것에 대해 감사를 표한 것이다.

역경의 시간에 당신과 함께 있어준 사람에게 감사의 마음을 전해본 적이 있는가? 감사를 미루지 마라. 감사하는 사람들은 지금 당면한 문제 너머를 볼 수 있다.

로널드 레이건Ronald Reagan 전 대통령은 악화되는 건강 상태에도 자신의 지난 공직 생활을 감사하며 기뻐했다. 1994년 11월 4일, 그는 미국인들에게 쓴 편지에서 자신의 알츠하이머 증상이 악화되고 있으며, 사랑하는 낸시가 그 짐을 감당하고 있다고 밝혔다. 이 편지에서 그의 마지막 말은 특히 기억할 만하다.

"마지막으로, 저에게 미국 대통령으로 봉사할 수 있는 영광을 허락해준 것에 대해 국민 여러분에게 감사드립니다. 이세 나는 인생의 종착역으로 가는 여행을 떠나려고 합니다. 미국인들 앞에 항상 밝은 여명이 떠오를 것입니다."

레이건은 자신의 능력을 앗아가는 질병 앞에서 비통해 하지 않았다. 그는 미국 대통령으로서 자신을 인정해 준 미국인들의 신뢰에 더 집중했다. 그의 감사 인사는 감동적이고, 기억할 만하다.

제2차 세계대전 당시 네덜란드의 코리 텐 붐Corrie Ten Boom은 집안에 유대인들을 숨겨 주었다는 이유로 가족과 함께 감옥에 갇히게 된다. 심지어 코리 텐 붐 여사와 그의 언니는 강제수용소에 갇히게 된다. 몇 안 되는 기숙사에서 유대인들이 매일 겪던 고통 가운데 하나는 빈대였다. 빈대는 이 용감한 사람들이 직면한 일상적인 공포 목록에 추가될 만큼 하루하루를 해치고 있었다. 어느 날 기도를 하던 중 텐 붐은

이 끔직한 해충에게 감사하기로 결심했다. 사실 그녀조차도 이 결정에 놀랐다. 뜻밖에도 며칠 뒤 나치는 더 이상 그들이 있던 기숙사를 점검하지 않겠다고 통보했다. 빈대 덕분이었다. 텐 붐과 동료 수감자들은 아무런 감시도 받지 않고 대화를 나눌 수 있었고, 자유로워졌다. 손턴 와일더Thornton Wilder는 1930년 작품 《안드로스의 여인》에서 이렇게 썼다. "우리는 우리의 마음이 자신의 보물을 알고 있는 순간에만 살아 있다."

게릭과 레이건이 우리에게 보여준 가장 놀라운 모습은 그들이 최악의 상황과 맞섰다는 것이다. 죽음 앞에서 두 사람은 행운에 집중했다. 젊은 나이에 당신의 삶이 산산조각 났다고 상상해보라. 당신은 그 조각들을 주워 앞으로 나아갈 수 있겠는가?

나는 조니 에럭슨 타타Joni Eareckson Tada와 함께 고등학교에 진학했다. 다이빙 대회 우승자였던 그녀는 3학년 때 다이빙을 사고를 당해 목이 부러져 전신이 마비됐다. 오랜 요양과 수많은 마음고생 끝에 조니는 감사와 목적이 가득한 모습으로 등장했다. 믿기 어렵겠지만, 그녀는 자신의 비극을 유익하게 사용했다. 그녀는 장애인을 위한 활동가가 되었다. 입으로 붓을 물고 그림을 그리는 법을 배웠다. 결혼도 했으며, 음악 앨범을 만들고, 베스트셀러 저자가 되기도 했다. 그의 삶의 삶을 다룬 영화도 제작되었다.

그녀와 만났을 때 나는 이렇게 물었다.

"조니, 넌 완전히 마비된 상태인데도 지금보다 더 충만한 삶은 상상할 수 없다고 했어. 그게 진심이야?"

"난 매일 너무 감사해. 그래, 진심이야! 진짜야!"

상상할 수 없는 현실에 직면했을 때 선택지는 두 가지다. 고통에 굴복하거나 목적을 다시 정하고 감사하는 마음으로 상황을 바라보거나.

언젠가 친구 하나가 나에게 이렇게 말했다.

"우리는 고통 속에 비통해 하거나 더 나아진다."

그렇다, 조니는 더 나아졌다.

우리는 반드시 감사를 습관화해야 한다. 에릭슨, 게릭, 레이건, 아랍자다가 직면했던 역경에 직면할 필요는 없다. 하지만 분명한 것은, 그들이 우리에게 용기를 주는 안내자들이라는 사실이다.

이제, 당신의 현재 상황을 돌아보라. 그리고 새로운 역사와 일상을 만들어라. 작은 것부터 시작하라. 삶의 축복을 적어보라. 당신에게 주어진 것이 어떤 것이든 긍정적인 것에 이름을 붙이고 축하하라.

성찰의 시간을 가져라 —

앞에서 우리는 관계 형성의 가치와 필요성을 살펴보았다. 그런데 고독과 고요의 시간이 실제로 이런 관계의 질을 향상시킨다는 사실을 알고 있는가? 또한 고독이 감사를 위한 공간을 만든다는 것도 알고 있는가?

"분주한 삶의 무용함을 알아야 한다."

소크라테스는 도전적인 요구를 제기했다. 하지만 안타깝게도, 대부분의 사람들이 혼자 있는 시간을 긍정적으로 보지 않고 활동이나 소음으로 공허를 채우려고 한다. 파스칼은 이것을 가장 잘 이해했다. 그는 고독의 부재가 공허감의 핵심이라고 믿었다.

"인간이 불행한 유일한 이유는 자기 방에 조용히 머무는 법을 모르기 때문이다."[07]

몇 년 전 우연히 〈사이언스〉 지에 실린 연구를 보았다. 버지니아대학 심리학자들이 일단의 학생들에게 행한 실험으로, 6~15분 동안 아무런 방해 없이 그냥 조용히 앉아 있는 것이었다. 실험 후 대부분의 학생들은 그 경험이 매우 별로이며, 힘들었다고 답했다. 하지만 이것이 전부가 아니었다. 상황은 훨씬 더 좋지 않았다. 연구자들은 이 연구를 확대하여 더 다양한 배경과 연령대의 사람들을 대상으로 이번에는 주의를 분산하는 실험을 실시했다. 연구에 참여한 사람들을 빈 방에 두고, 침묵이 견디기 힘들 경우 스스로 고통스러운 전기충격을 가할 수 있는 장치를 제공했다. 결과는 여성의 4분의 1과 남성의 3분의 2가 15분 동안 스스로에게 전기 충격을 가했다. 많은 사람들은 혼자 있는 것보다 고통스럽더라도 자극을 더 선호했다.[08]

하지만 고독은 우리의 삶과 관계, 도전, 그리고 축복을 성찰할 수 있는 여유를 제공한다는 점에서 꼭 필요하다. 시인 루미는 이것을 이렇게 표현했다.

"단어를 사용하지 않는 목소리가 있다."

숨 가쁜 질주와 분투는 진정으로 놀라운 것들을 깨닫지 못하게 한
다. 우리의 본능은 눈앞에 놓인 문제에 집중한다. 하지만 우리는 삶을
되돌아볼 필요가 있다. 내가 만난 사람들 중 조용한 성찰을 많이 하는
사람들은 그렇지 않은 사람들에 비해 훨씬 더 분별력 있고 감사하는
태도를 보였다. 정말 이 둘 사이에 상관관계가 있을까? 나는 그렇다고
믿는다.

매년 1월이 되면 나는 버지니아 근교에 위치한 트라피스트 수도원
에서 15명의 탁월한 지도자들과 함께 3일간 침묵 피정을 한다. 이때
는 혹독할 정도로 춥다. 우리는 시간을 거슬러 올라가 수도회에 참여
한다. 수도사들의 삶의 태도가 시대에 뒤처지고 시대의 도전에 맞지
않는 것처럼 보일 수도 있다. 하지만 이 시간은 삶을 바꾸는 경험이다.
다른 사람들과 함께하면서도 침묵하며 홀로 있는 것이 처음에는 힘들
었지만 훈련을 하다 보니 이제는 편해졌다. 우리는 함께 먹고 함께 걷
지만 절대 말은 하지 않는다. 3일이 끝나면 우리는 이 단절과 고요의
시간을 통해 얻은 교훈과 통찰을 나눈다.

고독은 외로움과 다르다. 고독은 우리의 마음을 감사와 삶을 새롭
게 하는 에너지로 채운다. 하지만 외로움은 우리의 영혼을 죽이며 대
개 슬픔과 절망으로 이어진다. 이 둘은 겉보기엔 비슷해 보이지만 전
혀 다르다. 나는 고독 연습을 권하고 싶다. 고독을 누리다 보면 당신의
관점이 눈에 띄게 나아질 것이다.

당신의 두뇌를 재설계하라 —

행복하고 일이 잘 풀릴 때는 감사하기가 쉽다. 반대로 힘들고 어려운 일이 많을 때는 감사보다는 원망하거나 한탄하게 되는 날이 더 많다. 가장 이상적인 것은 좋을 때와 나쁠 때, 즉 인생의 모든 순간에 감사하는 것이다. 하지만 항상 행복하고 일이 잘 풀리는 사람은 없는 만큼 항상 감사하면서 살 수는 없다.

우리는 감사를 통해 미래를 신뢰하게 된다. 이것은 마치 스키와 비슷하다. 통제력을 유지하려면 언덕 아래로 몸을 굽혀야 하는데, 두려운 일이다. 감사를 통해 두려워하는 것을 향해 몸을 기울여야 통제력이 커진다. 앞쪽보다는 뒤로 몸을 기울이는 것이 더 안전하게 느껴지는 이유는, 그것이 스키 슬로프 위에서나 삶에서나 엄청난 공포에서 비롯된 익숙한 반응이기 때문이다. 우리는 지난날을 돌아보며 묵은 원한을 갚겠다는 다짐을 하고, 미래를 모험하는 것을 두려워한다. 또 "과거에 이러했더라면 지금 어떻게 되었을까?"라는 가상의 시나리오를 나열한다. 하지만 가상의 시나리오는 아무런 힘이 없다. 그러니 여기서 벗어나라. 감사하는 마음을 갖고 새로운 중심을 설정하라. 천천히 새로운 춤을 추고, 한층 더 인간적인 삶의 방식을 배워라.

일단 당신의 중심을 감사할 수 있는 것으로 바꾸면 삶이 선물로 보일 것이다. 누군가가 말했듯이 "삶의 핵심은 들숨의 횟수가 아니라 날숨의 횟수다." 당신은 삶을 선물로 받았지만 확실하게 보장된 것은 아무것도 없다. 모든 순간이 당신의 마지막이 될 수 있다. 그러니 그 어떤 것도 당연하게 여기지 마라. 그러면 당신은 감사에 기초한 삶을 사는 방법을 찾아내 진정한 기쁨을 누리게 될 것이다.

데이비드 브룩스는 '기질적으로' 감사하는 태도를 지닌 사람들이 있다고 말한다. 그들은 천성적으로 항상 감사한 마음을 품고 산다. 이들은 노력을 통해 감사하는 능력을 얻은 사람들과 다르다. 브룩스는 이렇게 말한다.

"감사하는 기질을 지닌 사람은 자신의 노력을 당당하게 바라보지만 자기 자신에 대해서는 그렇지 않다. 삶은 그들의 꿈에 미치지 못하지만 그들의 예상을 충분히 뛰어넘는다."[09]

당신은 하루 일과 중 어떤 것에 가장 관심이 많은가? 지난 한 달간 일어난 일 중 가장 신경이 쓰이는 것은 무엇인가? 지난 한 해는? 당신을 좌절시키는 것에 매달리고 있지는 않은가? 당신은 어디에 주의를 집중하고 있는가?

하버드대 심리학과 대학원생 대니얼 사이먼스Daniel Simons와 크리스토퍼 차브리스Christopher Chabris는 인간의 주의에 관한 유명한 연구를 수행했다. 그들은 두 팀이 등장하는 짧은 비디오를 만들었다. 한 팀에게는 검은색 유니폼을, 다른 한 팀에게는 흰색 유니폼을 입게 했다. 그러고는 선수들에게 농구공을 앞뒤로 패스하게 하는 단순한 동작을 시켰다. 하버드대 학생들에게는 영상을 보면서 흰색 유니폼을 입은 선수들의 패스 횟수를 세어보라고 지시했다. 실험을 마친 뒤 대니얼 사이먼스와 크리스토퍼 차브리스는 학생들에게 영상에서 이상한 점을

발견하지 못했는지 물었다. 관찰자의 절반 이상이 두 팀이 공을 패스
하는 동안 커다란 고릴라가 두 팀 사이로 걸어가는 것을 알아채지 못
했다.[10]

그들은 눈에 빤히 보이는 것을 왜 놓쳤을까? 사실 우리는 우리가 주
의를 기울이는 것만 본다. 당신이 어둠에 시선을 고정하면 당신 눈에
는 어둠만 보인다. 사방에 존재하는 빛과 경탄을 자아내는 놀라운 것
들은 보지 못한다.

감사하는 사람들은 올바른 것에 주목하기 때문에 매일 조금씩 나아
간다. 폴 돌런Paul Dolan은 저서 《행복은 어떻게 설계되는가》에서 행복
의 원인을 아는 것이 중요하다고 말했다. 그는 이렇게 썼다.

"더 행복해지는 비결은 당신을 행복하게 만드는 것에 더 집중하고
당신을 불행하게 만드는 것에 덜 집중하는 것이다. 여기서 유의해야
할 것은 이것은 행복 자체에 주의를 집중하는 것과는 다르다는 점이
다."[11]

여기서 정말 유의해야 할 점은, 행복이 훨씬 더 중요한 어떤 것의 부
산물이라는 것이다. 우리의 목표는 의미 있는 삶을 사는 것이어야 한
다. 나는 행복과 의미를 구별한다. 행복은 우리 삶의 환경과 외부적 조
건, 예를 들면 승진이나 체중 감량, 멋진 휴일을 보내는 것과 같은 일
과 밀접하게 관련된다. 의미는 매우 심오한 것으로, 외부 조건에 좌우
되지 않는다. 이것이 내면의 행복이다. 그래서 종신형을 살거나 끔찍
한 전쟁을 견디는 것 같은 어두운 시기에도 어떤 사람들은 여전히 의

미를 발견한다. 남북전쟁에서 전사한 남군 병사의 주머니에서 발견된 쪽지는 행복과 의미 사이의 이런 모순을 잘 보여준다.

나는 성취할 수 있는 능력을 달라고 요청했으나
겸손하게 순종하는 법을 배울 수 있도록 연약함을 주셨네.
나는 더 위대한 일을 할 수 있는 건강을 요청했으나
더 선한 일을 할 수 있도록 질병을 받았네.
나는 행복해지기 위해 부를 요구했으나
지혜로워질 수 있는 가난을 받았네.
나는 사람들의 찬사를 받을 수 있는 권력을 요구했으나
하나님의 요구를 느낄 수 있도록 나약함을 받았네.
나는 삶을 즐길 수 있는 모든 것을 요구했지.
비록 요구한 것은 얻지 못했으나 내가 바랐던 모든 것을 얻었네.
나도 모르게, 내가 요구하지 않은 기도가 응답되었네.
모든 사람 중에 나는 가장 많은 복을 받은 사람이라네.

우리는 우리를 번영케 하는 작은 변화와 실천을 하찮게 여기는 경향이 있다. 당신도 그렇다면 받은 복을 세어보는 훈련을 철저하게 연습해 보길 권한다. 이것은 당신을 위한 투자다. 초점을 바꾸면 의미와 기쁨으로 가득한 삶을 살 수 있다.

삶에 감사하는가?

행복하길 원하는가?
감사하라.
— 베네딕트 수도회 수사 데이비드 스타인들 라스트David Steindl-Rast

일기를 쓸 때 다음 질문과 활동을 깊이 생각해보라.

• 크든 작든 당신이 감사할 10가지 구체적인 일을 적어보라.

• 당신의 부모나 보호자는 감사하는 사람들인가? 누가 감사하는 사람인지 알고 있는가? 이런 역할 모델이 당신의 감사 행위에 어떤 영향을 주는가?

• 연속으로 5일간 당신이 감사할 2~5가지를 기록하라. 작은 것도 좋다.

• 당신의 삶에 어떤 역할을 해주었거나, 과거에 특별한 일을 해준 사람에게 감사의 쪽지나 편지를 직접 써보라.

• 동료의 도움이나 행동이 당신에게 어떤 영향을 주었는지 그에게 알려주어라.

- 당신의 자녀나 다른 가족 구성원이 수행한 올바른 일을 찾아 그것을 인정하고 칭찬하라.

- 당신에게 서비스를 제공한 사람, 이를테면 가스 배관공이나 청소부 등을 생각해보라. 그리고 그들에게 감사 쪽지를 써보라. 약간의 돈도 동봉하라.

- 한 달 동안 매주 당신의 인생에서 특별한 사람들에게 감사 쪽지를 쓰라.

- 앞의 내용을 실천하면서 당신이 발견한 감사의 실제적인 유익을 5가지 적어보라.

Rethinking Success

✕

용서하고 봉사하는 법을
알고 있는가?

복수의 길을 떠나기 전에 먼저

두 개의 무덤을 파라.

— 공자

이타주의와 연민은 인간, 경제, 환경, 사회가 변화하는 데 필수 요소다.

이타주의는 우리 모두가 더 나은 삶을 살도록 이끄는 지도 원리이며,

다행스럽게도 이것은 우리 모두에게 있고, 함양할 수도 있다.

— 세포생물학자, 수도승 마티유 리카드Matthieu Ricard

8

성장에 필수적인 두 가지 중요한 주제는 타인에 대한 관심과 용서다. 두 가지 주제를 각각 한 장씩 할애하여 살펴볼 수도 있지만 이 둘 사이에는 시너지 효과가 있으므로 함께 다루려고 한다.

먼저 진심에서 우러나온 마음이 아니라면 당신은 지금 다른 사람의 관심사와 필요에 집중할 수 있는 건강한 상태가 아니다. 당신의 눈은 당신의 내부를 향한다. 당신은 당신 안의 분노와 내적 혼란을 다스리고 정당화하느라 분주하다. 이렇듯 슬픔의 삶을 사는 동안 당신은 주변 사람의 필요에 관심을 갖거나 알아차릴 수 없다. 우리는 모두 자신의 상처와 분노에 집착하는 것에 대한 충분한 이유를 가지고 있으며, 그래서 똑같이 갚아주거나 그보다 더 나쁜 것을 생각할 수도 있다.

우리가 다른 사람들을 용서하지 않는 것은 그들이 그럴 자격이 없어서이다. 그럼에도 우리가 용서를 하는 이유는 그것이 우리의 영혼에 중요하기 때문이다. 우리는 용서를 통해 자유로워지고, 다른 사람들을 향한 사랑과 관심을 경험할 수 있다. 그래서 이타적인 관심은 타인과 자신에 대한 용서에서 시작된다. 캘리포니아대학교 데이비스 캠퍼스의 심리학자 로버트 에몬스Robert Emmons는 말한다.

"우리는 감사하면서 동시에 분노할 수 없고, 또는 용서하면서 동시에 복수심을 가질 수 없다."[01]

다시 말해, 이것들은 모두 연결되어 있다. 용서하지 않는 것은 자신이 독을 마시고 다른 사람이 죽길 기대하는 것이다. '복수의 무용함'이라는 제목의 〈뉴욕타임스〉 기사에서 케이트 머피Kate Murphy는 복수심에 불타는 하버드대 교수가 가족이 운영하는 중국 레스토랑 주인이 실수로 4달러를 더 청구하자 레스토랑 주인을 괴롭혀 세 배의 배상금을 받아내려 한 일을 언급한다.[02]

머피는 또한 사람들이 복수를 통해 쾌감을 느끼려고 하는 모습을 보여주는 사례에 대해 말한다. 한 호주 기업가가 복수하고 싶은 상대방에게 반짝이 조각을 봉투에 담아 보내주는 서비스를 고안했다. 상대방이 전혀 예상하지 못하고 봉투를 열면, 반짝이 조각이 사방으로 흩어지면서 청소하기 어려울 정도로 엉망인 상태가 된다. 머피는 "고객 문의가 쇄도하여 하루 만에 회사 웹사이트가 다운되었다."[03] 라고 말했다. 반짝이 조각은 엄밀히 말해 폭력이나 피해는 아니지만 용서의 부재에서 촉발된 관계의 한 형태인 것만은 사실이다.

작가인 알렌 커즈와일Allen Kursweil은 자신을 괴롭혀 초등학교 생활을 비참하게 만든 사람에게 복수하려고 수십 년을 노력했다. 그의 비망록《채찍질하는 소년》에서 그는 성인인 된 가해자의 실패한 삶에 대해 자세히 언급했다.[04]

나는 그렇게 오랜 세월 동안 그런 모욕감을 다스리는 노력이 커즈와일에게 어떤 영향이 미쳤을지 상상만 할 수 있을 뿐이다. 솔직히 말하면, 우리는 어떤 사람이 나쁜 행동 때문에 쫓겨났을 때 내심 그 상황을 즐긴다. 특히 그 주인공이 우리에게 상처나 모욕을 준 사람이라면 더 그렇다. 독일어에는 이것을 표현하는 단어 'schadenfreude'도 있다. '남의 불행에 대해 느끼는 쾌감'이라는 의미를 담고 있다.

내가 지금껏 본 영화 중 가장 재미있는 작품은 〈밥은 어때?What About Bob?〉이다. 이 영화는 보스턴의 거만하고 불안정한 정신과 의사 레오 마빈 박사(리처드 드레퓌스 분)와 까다로운 환자 밥 윌리(빌 머레이 분) 사이의 유쾌한 관계를 다룬다. 마빈 박사가 쓴 책《아기 걸음마》덕분에 저자보다 환자인 밥이 유명세를 타게 되자 마빈 박사는 음흉한 복수를 꿈꾼다. 이 영화는 상대방을 파멸시키려는 전략, 잘못된 분노와 용서하지 못한 행위에 따른 유해한 결과를 재미있고 과장되게 풍자한다. 마빈 박사는 필사적으로 밥을 파멸시키고 싶어 하고, 실제로 그런 행위를 할 때 쾌감을 느낀다.

이런 예들은 한 가지 중요한 점을 강조한다. 불관용은 삶에 해롭고, 삶을 마비시키며, 파괴에 이르게 한다는 사실이다. 하지만 용서하면 어떻게 될까? 치유하고, 희망을 주며, 앞으로 나아갈 수 있다.

2006년 펜실베이니아 주 한 시골에 위치한 아미시 공동체가 보여준 용서의 힘을 생각해보라. 불과 몇 주 사이 그곳에서는 상상할 수 없는 두 가지 일이 발생했다. 첫 번째는 끔찍한 일이었다. 말수가 적은 우유배달원 찰스 로버츠Charles Roberts가 총기를 난사하여 5~13세의 아이 5명을 살해하고 5명의 아이를 다치게 했다. 총기 난사자의 자살로 이 날의 악몽은 끝났다.

두 번째 상상하기 힘든 일은 그로부터 일주일 뒤쯤 같은 마을의 작은 감리교 교회에서 일어났다. 로버츠의 장례식에 참여한 조문객 중 절반이 아미시 사람들이었다. 이들은 총기 난사자의 어머니와 그의 어린 자녀를 도와주려고 왔다. 그들은 충격과 슬픔에 빠진 가족에게 돈을 지원하고 격려했다. 무엇보다 특별한 점은 유대감이 강한 소규모 공동체에서 순진무구한 아이들을 앗아간 무분별한 행위를 용서했다는 것이다. 그들은 먼저 용서했기 때문에 사랑할 수 없는 사람들에게 손을 내밀어 사랑할 수 있었다.

올바른 일은 올바른 생각에서 시작된다. 용서를 소중하게 여기는 철학과 신학을 갖고 있으면 이런 상황에서도 용서할 힘을 얻는다. 아미시 사람들은 자신의 신념에 따라 행동함으로써 세상을 깜짝 놀라게 했다.

이 일은 우리로 하여금 생각에 잠기게 한다. 우리는 무엇을 믿는가? 그 믿음은 우리의 삶을 구체적으로 움직이는가? 그렇지 않다면 그 믿음이 무슨 소용이 있겠는가?

진정한 용서는 용서받는 자에게 과분한 것이며, 직접 경험하면 숨이 멎는 것 같은 느낌이다. 2015년 6월 19일, 사우스캐롤라이나 주 찰스턴에서 마더 엠마뉴엘 교회 살인자에 대한 보석심리 재판이 있었다. 이 날 젊은 백인 우월주의자의 손에 가족을 잃은 피해자 가족들은 법원 대기실에서 가해자를 만났다. 그곳에 참석한 사람들은 놀랍게도 한결같은 감정을 나타냈다. 바로 용서였다. 그 비극적인 날 저녁 나딘 콜리어Nadine Collier의 어머니 에델 랜스Ethel Lance가 살해되었다. 나딘 콜리어는 총을 쏜 딜란 루프Dylann Roof에게 말했다.

"당신을 용서합니다. 당신은 나에게서 정말 소중한 것을 가져갔습니다. 당신은 나에게 상처를 입혔습니다. 많은 사람들에게 상처를 줬습니다. 하나님이 당신을 용서하시니 나도 당신을 용서합니다."[05]

이 사람들은 과연 어떤 마음으로 용서라는 대단한 결정을 내릴 수 있었을까? 찰스턴 출신 연방의원 마크 샌포드Mark Sanford가 그날 그 현장에 있었다. 내 친구이기도 한 마크는 그날 저녁 워싱턴으로 돌아와 나와 함께 저녁을 먹었다. 그는 루프에게 베풀어진 은혜에 깊이 감동하고 압도된 듯했다. 다시 말하지만, 그 사건은 믿음을 시험하는 고무적인 사례였다.

이런 용서는 경외감을 불러일으키지만 사실 이렇게 할 수 있는 사람은 많지 않다 용서에는 훈련이 필요하고, 또 작은 것부터 용서해야 한다. 우리는 이라크와 시리아의 이슬람국가나 6백만 명의 유대인을 학살한 나치를 용서하려고 애쓸 필요가 없다. 그보다 주말에 방문한 사촌 동생이나 조카가 몰래 방에 들어와 우리가 아끼는 물건을 망가트리고 거실을 엉망으로 만든 것부터 용서해야 한다.

작은 행동에서부터 변화가 일어난다는 이론을 뒷받침하는 자료도 있다. 찰스 두히그Charles Duhigg는 그의 책《습관의 힘》에서 중독 문제가 엄청난 일을 시도하거나 대규모 행동 계획을 설계하기보다는 작은 행동의 변화가 천천히 누적되어 어떻게 성공적으로 해결되는지 명확하게 보여준다.[06] 용서가 습관이 되려면 용서를 일상에 끌어들일 필요가 있다.

타인에 대한 용서를 늘리는 것과 용서를 구하는 것은 별개의 문제다. 〈워싱턴포스트〉의 칼럼니스트이자 내 친구인 마이클 거슨Michael Gerson은 2000년 조지 W. 부시 대통령의 수석 연설비서관으로 일하던 당시의 얘기를 들려준다.

거슨은 대통령이 의회에서 발표할 연설을 준비하는 동안 가족 극장에서 대통령과 함께 있었다. 연설문을 보여주는 프롬프터가 제대로 작동하는지 점검하는 일은 군 출신 기술자가 맡았는데, 공교롭게도 그 젊은 기술자가 일을 엉망으로 만들었다. 대통령은 화가 나 방을 나가며 단호하게 말했다.

"정신 똑바로 차려."

하지만 몇 분 뒤, 대통령은 다시 방으로 돌아와 사과했다.

"조금 전 행동은 미국 대통령이 해서는 안 될 행동이었네."

젊은 군인은 대통령의 겸손에 매력을 느꼈다.[07]

미국 대통령이든 보통 시민이든 용서를 구하는 것은 쉽지 않은 일이다. 특히 자신의 잘못을 인정하는 것은 더더욱 어렵다. 교만이 고개를 들기 때문이다. 이것은 "단순한 교만이 가장 악한 죄이며, 용서를 가로막는다."라는 C. S. 루이스의 관점을 설명해 준다.

나의 두 아들은 십대 시절 에포크Epochs라는 이름의 밴드를 결성했다. 나는 아들들이 자랑스러웠지만 한편으론 걱정도 됐다. 워싱턴DC 14번가에서 심야 쇼를 마친 뒤 14살짜리 아들이 마약에 취한 것처럼 보이는 한 남자와 출연료를 협상하는 모습을 보았기 때문이다. 하지만 나는 어떻게 해야 할지 몰랐다. 그저 두 아들이 그런 방식으로 자신의 삶을 표출하는 단계를 끝내고 더 나은 길을 찾기를 바랐을 뿐이다.

그 직후 나는 메릴랜드 주 록빌에서 호스트 메리어트 코퍼레이션의 최고경영자 테리 골든Terry Golden과 점심을 함께 먹었다. 테리는 장성한 두 자녀를 두고 있었는데, 한 명은 음악계에서, 다른 한 명은 금융계에서 일했다. 나는 드디어 내 아들들을 위험해 보이는 곳에서 벗어나게 해줄 지혜를 얻을 기회가 왔다고 생각했다. 더군다나 테리의 아들은 록밴드 드럼 연주자였다.

나는 식사 중 속마음을 털어놓았고, 그는 세 가지를 말해주었다. 먼저, 그는 내 아이들이 위험하거나 생명이 위태로운 일과 관련이 없어 보인다고 말했다. 그리고 아이들이 진정한 열정을 발견하는 일은 흔치 않다고 말했다. 마지막으로 이렇게 말했다.

"그들은 자네와 달라. 자네는 그 사실과 씨름하고 있는 중인 것 같네."

그 말은 마치 살을 도려내는 듯했다. 그의 말이 옳았기 때문이다.

대화를 마친 뒤 나는 오랫동안 호텔 주차장에 앉아 있다가 돌아와서는 아이들에게 대화를 하자고 제안했다. 어색한 침묵 끝에 내가 먼저 입을 열었다.

"나는 너희들이 가진 음악적 재능에 감사한단다. 하지만 한편으론 지금과 같은 방식의 밴드 활동이 언제 끝나나 내심 궁금하기도 했단다. 솔직히, 아빠는 유흥 산업과 하위 문화가 두려웠거든. 낯설기도 하고 위협적으로 보여서. 내가 잘못 생각했구나. 너희가 가진 꿈의 지지자가 되어 주지 못한 것에 대해 용서를 구하고 싶구나."

어떻게 다음 말을 이어가야 좋을지, 무엇이 내 마음의 변화를 일으켰는지 그때까지도 정확히 알지 못했다. 하지만 아이들은 나를 용서했고, 그것은 아이들의 음악 활동에 대한 나의 태도를 바꾸었다. 그 순간 이후로 정말 바뀌었다.

용서를 하든 용서를 받든 용서는 당신의 삶을 더 좋게 바꿀 수 있다. 이제 나는 두 아들의 선택과 삶을 축하한다. 그날의 대화가 있고 몇 년 뒤, 컬럼비아대학에서 2년째 건축을 공부하고 있는 둘째 헤이스가 맨해튼에서 전화를 걸어왔다. 아들은 나에게 시애틀에서 풀타임으로 밴드 활동을 할 수 있는 좋은 기회를 얻었다며, 이 일이 형과 자신에게 많은 돈을 벌게 해줄 것이라고 말했다. 그 제의에는 암묵적으로 레코

드 제작 계약도 포함되어 있었다. 그러면서 헤이스는 나의 생각을 물었다. 나는 조금도 망설이지 않고 대답했다.

"대학을 그만둬, 이것은 일생일대의 기회야. 이것은 너의 꿈이야. 꿈을 좇아!"

솔직히 나도 내 대답에 놀랐지만 이 일의 결말이 어떻게 될지 두렵다기보다 내 아이들이 기회를 얻었다는 것이 더 기뻤다. 정말이지 엄청난 변화가 생긴 것이다. 용서 덕분이었다. 용서는 우리를 겸손하고 자유롭게 만들며 새로운 가능성을 열어준다!

내가 발견한 것은 내가 얼마나 부족한지 더 많이 깨닫고 받아들일수록 다른 사람들이 쏟아내는 비판에 덜 반응하게 된다는 것이다. 하지만 이렇게 하는 것은 말처럼 쉽지 않다. 대부분의 우리는 다른 사람들이 나에 대해 좋지 않은 말을 할 때 방어하거나 그에 맞선다. 링컨은 이런 면에서 내게 영감의 원천이었다.

링컨이 대통령이었을 당시 언론은 잔혹했다. 그는 전통적으로 미국 대통령을 배출한 매사추세츠나 버지니아가 아닌 일리노이 출신이었고, 독학으로 공부했다. 링컨은 어수룩했고, 동부 기득권층에 속한 사람이 아니었다. 언론과의 비공식 모임에서 한 기자가 링컨에게 그의 외모와 지성, 리더십에 대한 가차 없는 공개적 비판을 어떻게 견디는지 물었다. 링컨은 잠시 생각하더니 간단히 대답했다.

"나는 당신들이 지금껏 알았던 것보다 훨씬 더 나쁩니다."

놀라운 반응이었다. 그의 이런 반응은 상황을 완화시켰다. 사실 우리 모두는 어떤 사람이 상상하는 것보다 더 엉망이다. 우리가 스스로의 결점을 더 많이 알고 더 많이 실패할수록 링컨처럼 반응할 가능성이 더 커진다. 진실로 우리 모두는 용서가 필요하다. 용서가 가진 또 하나의 놀라운 점은, 우리가 스스로를 있는 그대로 볼수록 다른 사람을 사랑과 공감으로 대할 수 있다는 것이다. 자기 자신을 용서할 때 비로소 다른 사람을 용서할 수 있다.

용서의 모델링 ──

우리는 관찰과 경험을 통해 용서를 배운다. 용서의 쌍둥이인 분노도 마찬가지다.

은혜와 용서가 쉽게 그리고 자연스럽게 이루어지는 가정에서 성장한 사람도 많겠지만 그렇지 않은 가정에서 성장한 사람도 많을 것이다. 우리는 가족이라는 사람들이 용서에 대한 우리의 관점을 어떻게 형성시켰는지 돌아보고 평가해야 한다. 앞에서도 얘기했듯이, 우리가 태어나 속하게 된 이야기를 이해하지 못하면 이 불행한 유산이 다음 세대로 이어질 수 있다. 예를 들어 부모 중 한 명이 쉽게 화를 내고 관용적이지 못했다면, 이런 초기 경험이 당신을 형성했을 것이다. 이를 극복하기 위해 전문가의 상담이나 성찰이 필요할 수 있다.

불관용은 우리의 영혼을 갉아먹어 누군가를 신뢰할 수 있는 능력을 저하시킨다. 용서의 문을 여는 한 가지 방법은 사람들과 그들의 행위를 분리하는 것이다. 우리는 종종 파괴적이고 놀라운 일들을 저지른다. 우리가 나쁜 사람이라는 뜻이 아니다. 우리는 이렇게 인간성, 상처, 지독히 실망스러운 것들을 붙잡고 씨름 중이다.

알코올중독자갱생회는 중독에 대한 자신의 무력함을 인정하는 모임이다. 사람들은 자신의 문제를 고백하고 스스로 술을 끊을 능력이 없다는 점을 분명하게 밝힘으로써 변화와 치유의 여정을 시작할 힘을 얻는다. 이와 함께 동료들의 강력한 지원도 받는다.

기억할 점은, 용서는 묵인이 아니라는 것이다. 당신은 다른 사람들의 행동에 동의하지 않고도 그들이 저지른 행동에 대해 그를 용서할 수 있다. 변화를 수용할지 여부를 결정하는 것은 그들의 몫이다. 또한 당신은 그들을 완전히 용서하기 위해 그들과 화해할 필요가 없다. 우리의 일은 우리가 할 수 있는 일을 바꾸는 것이다. 우리가 다른 사람들의 결정을 통제할 이유는 없다.

용서는 공감과 긴밀히 연결되어 있다. 예를 들어 범죄자의 성장 배경이나 환경을 이해할 때 용서가 더 쉬워지는 것처럼 말이다. 나는 사담 후세인이 어린 시절 카이로의 거리에서 살았다는 사실을 나중에 알았다. 이 사실이 그의 야만적인 행위를 정당화해 줄 순 없지만 그의 이야기를 이해하는 데 도움이 되는 것은 사실이다. 시인 헨리 워즈워드 롱펠로우는 이것을 이렇게 표현했다.

"적들의 비밀스러운 역사를 읽는다면, 우리는 적들이 각각의 삶에서 겪은 슬픔과 고통을 발견하고 적대감이 모두 사라질 것이다."

18세기 영국의 극작가 한나 모어Hannah More는 용서를 '마음의 경제'라고 보았다. 용서는 '분노의 지출, 증오의 비용, 정신의 낭비를 피하는 행위'라는 이유에서다. 과거의 슬픔에 매달리는 방식이 실제 효과를 발휘하는지 생각해 볼 필요가 있다. 고통을 되씹고 복수심을 불태우며 앙갚음을 하겠다는 생각을 버려야 한다. 오스카 와일드Oscar Wilde는 "당신은 어떤 것으로도 적들을 더 이상 괴롭힐 수 없기 때문에 항상 그들을 용서해야 한다."고 비꼬듯이 농담을 한다.

말콤 글래드웰Malcolm Gladwell은 클리프와 윌마 더크센의 용서를 보며 큰 깨달음을 얻었다. 1984년 11월 30일, 클리프와 윌마 더크센의 열세 살짜리 딸 캔데이스가 사라졌다. 아이의 시신은 50여 일 뒤 더크센의 집 근처 작은 구조물 안에서 발견되었다. 살해된 시신을 수습했을 때 더크센 부부가 보여준 반응은 매우 즉각적이고 충격적이었다. 소름 끼치는 살해 현장을 발견한 직후 그들은 범죄자를 용서하고, 그 사실을 세상에 발표했다. 윌마는 분명하게 말했다.

"우리는 모두 살면서 끔찍한 일을 저지르거나, 그렇게 하고 싶은 충동을 느낍니다."

글래드웰은 부부의 모습에 큰 충격을 받았다. 그런 엄청난 일을 당하고 어찌 그런 용기를 낼 수 있었을까? 그들은 용서를 신앙의 핵심으로 여기는 종교에 의지하고 있었다. 그날의 경험은 글래드웰의 삶을 바꾸었다. 그렇게 그는 캐나다의 작은 방갈로에서 새로운 희망과 신앙을 발견했다.[08]

1990년대 중반, 나는 다단계 금융 사기 사건에 큰 충격을 받았다. 지금 생각해 보면, 그렇게 똑똑한 사람들이 어쩌다 그런 사기를 당했는지 믿기 어려울 정도다. 내가 이 사건을 해결하는 과정에서 맡은 역할은 미미했지만, 여기에 연루된 사람들은 대부분 내가 아는 인물들이었다. 월스트리트의 유명 인사들이 거의 망라되었고, 당연히 언론들은 이 이야기에 매우 관심을 보였다. 이 사건으로 그동안 특출나다고 생각되어온 사람들의 허술함이 드러났기 때문이다. 그런데 이야기가 전개되면서 내 이름이 이 사기 사건의 범인으로 지목되었다. 완벽하게!

정말이지 끔찍했다. 당시 나는 혼자 이렇게 자주 중얼거렸다.

"내가 어쩌다 이렇게 됐지?"

나중에야 그 이유를 알게 되었다. 주모자의 투옥으로 사건이 마무리되고 2년 뒤 나는 뉴욕에 사는 한 지인으로부터 만나고 싶다는 전화를 받았다. 샌드위치를 먹으면서 그는 자신이 언론사 고위 임원에게 전화를 걸어 내가 사건에 연루되었다고 말했다는 사실을 털어놓았다.

그러면서 이렇게 말했다.

"내가 오늘 만나자고 한 건 당신에게 용서를 구하고 싶어서입니다. 나는 가끔 당신에게 질투심을 느꼈고, 당신을 해치고 싶었습니다. 그것은 잘못이었습니다. 나를 용서해 주시겠습니까?"

물론 나는 그를 용서했다. 점심 식사를 마칠 즈음 나는 이렇게 생각했다.

'왜 우리는 용서를 구하지 않고 자신의 잘못을 간직하려고 할까?'

나는 그가 잘못을 시인하고 용서를 구하는 과정에서 보여준 용기에 깊은 인상을 받았다.

우리는 모두 다른 사람에게 잘못을 저지른다. 용서는 필요 없는 것들을 깨끗이 정리해 준다. 우리는 아직도 할 일이 많다. 개인적인 용서와 별개로, 수많은 무고한 사람들을 살해한 폴포트의 킬링필드나 다른 잔학 행위들은 어떨까? 결코 용서해서는 안 되는 것일까?

이에 대한 적절한 사례는 수많은 유대인을 죽음에 이르게 한 아돌프 아이히만Otto Adolf Eichmann이다. 1961년, 신생국가 이스라엘은 아이히만에게 사형을 선고했다. 이것은 매우 충격적인 일이었다. 이스라엘은 1954년에 사형 제도를 폐지했기 때문이다. 철학자 마르틴 부버Martin Buber는 이 판결을 깊이 우려하며 이스라엘 수상 다비드 밴구리온David Ben-Gurion에게 아이히만을 관대하게 처분해 줄 것을 요청했다. 당연히 여론은 격분했다. 한 신문사는 대부분의 유대인이 느끼는 감정을 이렇게 전했다.

"아이히만을 용서하라고? 안 돼! 육백만 번 안 돼!"

주로 범죄의 규모 때문에 중대성이 더 크다는 점을 고려할 때 유대인들은 그의 죽음을 원하고 있었다. 하지만 다른 방법은 없을까?

남아프리카공화국이 인종 차별 정책인 아파르트헤이트에 적용한 방법을 살펴보면 매우 흥미롭다. 데즈먼드 투투Desnond Tutu 대주교의 지도 아래 진실과 화해위원회는 남아공의 인종 차별 역사를 청산하려고 했다. 이 위원회는 범죄자들이 범죄를 시인하고 용서를 구하게 함으로써 그들 자신과 국가가 앞으로 나아갈 수 있게 했다. 매우 효과적인 것으로 밝혀진 이 접근 방식은 르완다의 잔학 행위처럼 다른 비슷한 상황을 해결하는 모델이 되었다.

나는 범죄 행위의 규모와 상관없이 원칙은 똑같다고 믿는다. 즉 우리는 용서를 통해 계속 앞으로 나아갈 수 있다.

우리에게는 용서하고 용서받을 수 있는 많은 기회가 있다. 한 프란체스코회 수도사가 자신이 신시내티에 살 때 그의 교구 교회 대문에 페인트로 '70×7'이라고 써놓았다고 말했다. 우편 배달원은 종종 이것을 도로 주소로 오해했는데, 여기에는 훨씬 더 깊은 의미가 있었다. 예수의 제자들이 다른 사람이 잘못했을 때 얼마나 용서해야 하는지 물었을 때 그는 제자들에게 성서에서 무한대를 뜻하는 "일흔 번씩 일곱 번"이라고 대답했다.[09]

우리와 관계를 맺고 있는 사람들, 특히 가장 가까운 사람들을 용서할 새로운 이유는 항상 있다. 삶은 이와 같다. 용서는 우리의 일상 중한 부분이 되어야 한다. 그렇지 않으면, 우리는 비통함에 굴복하거나 피해자 노릇을 해야 한다. 다시 말하지만, 바울은 이렇게 간절히 권고했다.

"서로 용서하기를 하나님이 그리스도 안에서 너희를 용서하심 같이 하라."[10]

용서는 정말 겸손하고 우리를 자유롭게 하는 행위지만 실천하기 정말 힘들다.

당신은 주는 사람인가? —

내가 용서라는 단어를 떠올릴 때 밥 브라운Bob Brown은 거의 항상 앞자리에 나온다. 아파르트헤이트로 힘겨웠던 시절, 밥은 자신의 업무를 제쳐두고 나를 도와주었다. 밥은 인종 차별이 심한 미국 남부에서 성장했고, 셀마에서 마틴 루터 킹 목사와 함께 있었다. 나중에 그는 백악관 특별보좌관을 역임했다.

1985년 내가 남아공 주재 특사로 임명되었을 때 밥은 나에게 전화를 걸어와 나를 도와주겠다고 말했다. 그는 자신의 증조부가 백여 년 전에 노예로 일했던 노스캐롤라이나 지역 철도회사 회장이었고, 아프리카에서 수십 년에 걸쳐 사업을 한 경험을 가지고 있었다. 그는 나를 도와주면 아파르트헤이트 철폐 이후 평화로운 남아공 사회를 만드는 데 도움이 될 거라 생각한 듯하다.

나는 그의 제의를 받아들였다. 그때까지만 해도 나는 그가 남아공을 1인 1투표제의 민주주의 사회로 변화시키는 데 중심적인 역할을 하리라곤 상상하지 못했다. 밥은 감옥에 갇혀 있는 넬슨 만델라를 방문하는 것이 허락된 극히 소수 중 한 명이었다.

시간이 흐르면서 두 사람 사이에는 큰 신뢰가 형성되었다. 급기야 이 신뢰 관계는 남아공 보타P. W. Botha 대통령으로까지 확대되었다. 밥은 번역가였다. 그는 전달자 역할을 했다. 그는 만델라의 생각과 의도를 헤아려 보타 대통령에게 전했고, 대통령의 생각도 만델라에게 전달했다. 이것은 세계사에 남을 결정적 순간을 만들어내는 데 크게 공헌했다. 밥의 사심 없는 노력은 남아공을 민주적이고 포용적인 사회로 발전시키는 데 일조했다. 내 입장에서 볼 때, 고맙게도 나는 수혜자였다.

스물네 살 때 처음 에티오피아 아디스아바바에 발을 내딛은 이후 그곳은 줄곧 나에게 중요한 국가였다. 그곳에서 나는 소중한 친구 에이브러햄 피세하Abraham Fiseha와 함께 시간을 보냈다. 어린 아이들과 함께하는 그의 특별한 활동에도 참여했다. 처음에는 불행한 아이들에게 무언가를 나눠주려고 갔지만 나중에는 오히려 우리가 더 많은 것을 받았다. 우리의 작은 세계를 벗어나 다른 사람들이 직면하고 있는 문제에 눈을 뜨면 겸손을 배우고 새로운 힘을 얻는다. 다른 사람에게 무언가를 줄 때는 진심어린 마음으로 이렇게 해야 한다. 선물의 크기가 크건 작건, 혹은 돈이든 봉사든 그건 중요하지 않다. 때로 가장 작은 몸짓이 가장 큰 영향을 미친다. 지금까지 살아오는 동안 나는 에티오피아가 내게 준 것을 다른 사람과 나누려고 노력했다. 여러 면에서 이 오래된 땅이 지금의 나를 만들었다.

2005년 버락 오바마가 미국 상원의원으로 선출되었을 때 나는 그와 특별한 만남을 가졌다. 그날 오전 나는 워싱턴 도심의 한 호텔에서 막내아들 켐페와 함께 택시를 기다리고 있었다. 그곳에 서 있을 때 새로 당선된 일리노이 주 상원의원이 내게 다가왔다. 그는 내 이름을 알았고, 내가 동아프리카에 관심이 많다는 사실도 아는 것 같았다. 그는 기회가 되면 그 지역을 위해 함께 일하자고 말했다.

나는 놀랐고, 달변의 젊은 리더를 위해 무언가를 하고 싶었다. 예전부터 나는 에티오피아에서 가져온 오래된 십자가를 모으고 있었다. 미국립보건원 책임자 프랜시스 콜린스Francis S. Collins에서 프레이 밴드의 리더 싱어에 이르기까지 나는 다양한 사람들에게 십자가를 나누어주었다. 순간 나는 이 초선 상원의원에게도 십자가를 선물해야겠다는 생각이 들었다. 나는 이렇게 말했다.

"오바마 의원님, 나는 이곳 워싱턴에서 자랐습니다. 이곳은 유혹이 많은 곳입니다. 하지만 나는 당신의 삶에 더 큰 목적, 심지어 정치를 초월한 목적이 있다고 느낍니다. 당신의 계획을 위해 에티오피아에서 가져온 작고 오래된 콥틱 십자가를 드립니다. 이 십자가를 주머니에 넣고 다니거나 책상에 놓아두면 매순간 삶의 목적을 상기할 수 있을 겁니다."

그 후 오바마와 접촉이 없다가 2009년 1월 31일 워싱턴 알파파 클럽의 연례 만찬장에서 다시 그를 만났다. 그날의 행사는 당파를 초월한 모임으로, 미국 최고위급 정치가와 기업가들이 참석하는 자리였다. 휴식 시간에 나는 단상에 앉아 있는 오바마에게 다가가 말했다.

"대통령님, 몇 년 전 당신이 초선 의원에 당선되었을 때 우리가 만났던 일을 기억하지 못하실 겁니다."

내 말에 그는 20초 정도 나를 가만히 바라보았다. 그러더니 그는 주먹을 펼쳐 내가 몇 년 전 자신에게 준 콥틱 십자가를 보여주었다. 나는 아무 말도 할 수 없었다.

부의 축적과 반대되는 행위는 주는 것이다. 고대의 가르침은 이에 대해 분명하게 말한다. "누구든지 자신의 생명을 잃는 자는 …… 생명을 되찾을 것이다."[11]

오직 줄 때에만 우리는 진실로 성취감과 평화를 발견한다. 우리는 본질적으로 다른 사람의 이익을 위해 우리의 삶과 재산을 내주도록 만들어졌다.

세계적인 투자가이자 박애주의자인 레이 챔버스Ray Chambers와 나는 디트로이트에서의 한 만남을 위해 비행기를 탔다. 도미노 피자 창업자와 점심을 먹기 위함이었다. 레이는 도미노 피자를 매입하려는 대담한 생각을 갖고 있었다. 엘리베이터 안에서 레이가 큰 소리로 물었다.

"그런데 나는 왜 내 시간과 재산을 나눠주려고 할까?"

나는 인간은 남에게 무언가를 내주도록 만들어졌기 때문이라고 대답했다. 이것은 우리의 정체성이다. 주는 자가 더 행복하고, 더 큰 평화를 발견한다. 그리고 주는 사람들이 있어서 좋은 일이 생긴다.

19세기의 일이다. 플레밍Fleming이라는 한 스코틀랜드 농부가 들판에서 일을 하고 있는데 근처 늪지에서 비명이 들렸다. 소리가 나는 곳으로 달려간 그는 그곳에서 시꺼먼 진흙이 허리까지 찬 상태로 공포에 질려 있는 한 어린 소년을 발견했다. 소년은 소리를 지르며 빠져나오려고 몸부림치고 있었다. 플레밍은 위험을 무릅쓰고 위기에 빠진 소년을 구해주었다.

며칠 뒤, 멋진 마차가 한 초라한 집 앞에 멈춰서더니 귀족 하나가 내렸다. 그는 며칠 전 플레밍이 구해준 어린 소년의 아버지였다. 그는 농부의 희생에 대한 보상을 하기 위해 찾아온 것이었다. 하지만 플레밍은 보상을 거절했다. 순간 귀족은 한 어린 소년이 농부의 뒤로 숨는 것을 보았고, 아들이냐고 물었다. 예상대로 그는 농부의 아들이었다. 귀족은 다른 제안을 했다. 자신의 아들이 누리는 것과 같은 수준의 교육을 농부의 아들에게도 제공하겠다고 제안한 것이다. 플레밍이 거절할수 없는 제안이었다.

플레밍의 아들은 최고의 학교에 입학했고, 나중에 런던의 성마리아 의과 대학을 졸업했다. 나중에 그는 페니실린을 발견한 공로로 여왕으로부터 알렉산더 플레밍 경이라는 기사 작위를 받았다. 놀랍게도, 바로 이 페니실린이 또 다시 그 귀족의 아들의 생명을 구했다. 그 귀족의 이름은 랜돌프 처칠 경이었고, 그의 아들은 훗날 영국 수상이 된 윈스턴 처칠이었다. 그렇다, 당신이 베푼다면 어떤 식으로든 당신에게 되돌아온다.

아이들이 관대함과 다른 사람에 대한 관심을 가질 수 있도록 가르칠 수 있는지에 대한 논란은 오래 지속돼 왔다. 이를 위해 친절과 연민을 중요하게 여긴다고 말한 600명의 이스라엘 부모를 대상으로 연구를 실시했다. 결과에 따르면 부모들이 친절과 연민을 중시한다고 해서그의 자녀들까지 같은 가치관을 가진 사람으로 성장하지는 못했다.[12]관대함, 그리고 다른 사람에 대한 관심은 가르칠 수 있는 것이라기보다 타고나는 것처럼 보인다. 관대함이라는 가치를 물려주려면 말이 아닌 행동으로 보여주어야 한다.

심리학자 카렌 카플로비츠 바렛Karen Caplovitz Barrett과 동료 연구진들은 아이에게 관대함을 심어주는 유일하고 효과적인 방법은 역할 모델을 직접 보는 것임을 보여준다. 아이들은 진정으로 타인에게 관심을 갖는 어른을 보아야 한다.[13] 우리는 대학 입학원서에 넣을 이력을 만들기 위해 십대 자녀에게 선행을 강요한다. 하지만 아이들이 오직 이력 한 줄을 추가하기 위해 타인을 돌보는 일을 한다면 장기적으로 지속할 수는 없을 것이다.

세계 여러 곳을 여행하면서 내가 경험한 바에 의하면, 다른 사람을 위해 자신의 생명을 내어주고 그것을 삶의 핵심적인 원리로 보는 사람들은 삶의 의미와 목적을 갖고 있었다. 하지만 우리 문화는 자신을 교만하게 하고 외롭게 만드는 성취를 자랑스러워한다. 또 깊고 의미 있는 관계보다 일을 더 우선시한다. 하지만 봉사와 관심의 렌즈를 통해 삶을 바라볼 때에만 우리는 진정으로 성취감을 느낄 수 있다.

타인을 용서하고 관대함을 보여주는 사람을 생각할 때면 존 뉴턴John Newton이 떠오른다. 1700년대 중반, 거친 뱃사람이었던 아버지의 손에서 자란 뉴턴은 분노와 울분에 찬 청년이었다. 그는 종종 반항적인 행동을 하여 선박의 구금실에 갇히곤 했다. 20대 초반, 뉴턴은 자신의 삶을 냉정하게 평가하고, 영적 전환을 경험한다. 한때 길을 잃었다가 새로운 길을 찾은 것에 압도된 뉴턴은 인생의 후반기에 널리 알려진 시를 썼다.

"나 같은 죄인 살리신 주 은혜 놀라워. 잃었던 생명 찾았고 광명을 얻었네."

〈어메이징 그레이스Amazing Grace〉로 알려진 이 시는 역사상 가장 사랑받는 찬송가 중 하나다. 1772년에 지어진 이 시는 뉴턴의 고통스러운 삶과 새로운 길을 묘사한다.

용서와 봉사라는 주제는 이처럼 한 사람의 삶에서 결합되어 나타날수 있다. 뉴턴은 은혜의 경험에서 용서에 대한 이해로, 그리고 궁극적으로는 유력한 자와 힘없는 자를 위한 봉사의 삶으로 옮아갔다. 뉴턴은 영국 성공회 목사로 안수를 받고 올니와 런던 교구에서 사역을 했다. 그는 이곳에서 특별히 가난한 자를 위한 설교와 목회 사역을 한 것으로 유명하다. 그는 나중에 한때 자신이 적극적으로 참여했던 노예무역의 폐지를 위해 노력했다. 그의 삶은 우리가 명료한 시각으로 자신을 바라보고 변화하고 용서하고 보답하겠다고 결단할 때 일어날 수있는 근본적인 변화의 가능성을 입증하는 강력한 증거다.

변화하기에 너무 늦은 때란 없다. 스탠포드 의과대학의 임상 부교수인 페리야코일V.J.Periyakoil은 수많은 환자들이 인생의 마지막에 이르러 망가진 관계를 회복할 시간을 갖지 못한 것에 대해 후회하는 모습을 보았다. 이것은 스탠퍼드 편지 프로젝트로 이어져, 죽어가는 환자들이 마지막 편지를 써서 상처와 좌절을 치유하도록 했다. 그중 한명인 셜리 존스는 이렇게 썼다.

"헤럴드에게, 당신은 우리에게 개인적으로 빚을 졌는데 갚는 것을 잊었어요. 우리는 그 빚을 깨끗이 탕감합니다."[14]

해결되지 않은 마음속 문제에 직면하려면 큰 용기가 필요하다. 하지만 자유를 되찾기 위해서는 꼭 필요한 행동이다.

진실한 리더는 자신의 연약함을 이해한다. 자만은 우리의 아킬레스건이며, 의미를 갈망하는 삶을 완전히 파괴한다. 용서를 하고 용서를 받으려면 겸손해야 한다. 용서는 다른 사람을 위해 살 수 있는 문을 열어주며, 타인을 위한 삶은 목적의식과 성취감이 있는 삶의 핵심이다.

용서하고 봉사하는 법을
알고 있는가?

하나님이 나의 삶을 평가하는 잣대는 달러가 아니라
내가 살면서 만난 각각의 사람들이다.
— 하버드 경영대 교수 클레이튼 크리스텐슨 Clayton Christensen

일기를 쓸 때 다음 질문과 활동을 깊이 생각해보라.

• 당신의 부모나 보호자는 사람들을 용서했는가?

• 당신은 용서하는 사람인가? 당신이 다른 사람을 용서한 예를 적어보라. 그 경
  험이 당신에게 어떤 영향을 주었는가?.

• 다른 사람에게 느끼는 불만을 기록하는가? 그것은 당신에게 어떤 영향을 미
  치는가?

• 다른 사람이 당신을 용서한 적이 있는가? 그 경험을 표현해보라.

• 결코 용서해서는 안 된다고 생각하는 것이 있는가?

- 당신이 가족이 아닌 다른 사람을 돌봐주거나 봉사한 사례를 최소한 5가지 이상 적어보라. 그 경험은 당신에게 어떤 영향을 미쳤는가?

- 설령 되돌려 받을 수 없을 때에도 다른 사람에게 줄 수 있는가? 줄 수 있다면 그 이유는? 줄 수 없다면 그 이유는?

Rethinking Success

✕

성공과 실패의 개념을
정의할 수 있는가?

많은 패배를 경험했을 수 있지만 패배가 필연적일 수는 없다.

사실, 패배는 꼭 필요한 것일 수도 있다.

패배를 통해 당신은 자신이 누구인지, 어디에서 일어설 수 있는지,

어떻게 패배로부터 벗어날 수 있는지 알 수 있다.

— 시인 마야 안젤루Maya Angelou

실패는 성공 방정식의 한 부분이다.

— 기업가 마크 쿠반Mark Cuban

8

성공과 실패에 대한 관점은 우리가 무엇을 진정 소중하게 생각하고 신뢰하는지 보여준다. 한마디로 성공과 실패에 대한 관점은 모든 것을 드러낸다! 우리가 할 일은 스스로 성공과 실패를 정의함으로써 무의식적으로 다른 사람의 정의를 답습하지 않는 것이다. 그렇다면 성공은 무엇일까?

성공을 한마디로 규정하기는 힘들다. 하지만 성공에 대한 우리의 생각은 무의식적 사고 깊숙이 새겨져 있으며, 때로 우리를 놀라게 한다. 사람들은 대부분 각자가 정해 놓은 안정, 성공, 재산이 기준이 있을 것이다. 재산 목표치를 설정하는 것은 잘못이 아니다. 하지만 이것으로 충분할까? 예를 들어 우정이나 화해, 보답, 혹은 명상이나 수련을 통해 더 나은 자신이 되는 것을 포함하여 좀 더 넓은 의미로 성공을 바라볼 수는 없는 걸까?

앞서 언급했듯이 패스노스의 본래 목적은 CEO와 기업 소유주들이 '성공의 정의를 확대하도록' 도와주는 것이었다. 물론 많은 이들에게는 부의 축적이 일차적인 목표겠지만 우리는 성공을 훨씬 더 폭넓게 이해할 필요가 있다. 돈과 명성을 성공의 최고 기준으로 보는 사람들이 행복하거나 만족하는 경우는 거의 없다. 오히려 정반대다. 슬프게도, 돈과 명성을 쫓아 성공한 사람들은 가장 중요한 곳에서 성공을 누리지 못한다. 앞서 언급한 넬룬드, 페르손, 그 외 다른 사람들의 이야기가 이것을 단적으로 보여준다.

그렇다면 좁은 의미의 성공 개념이 놓친 것은 무엇일까? 의미는 생각하지 않은 채 부의 축적만을 성공의 기준으로 삼으면 궁극적으로 삶에 만족할 수 없는 것이다. 지금까지 보았듯이 자신의 삶에 만족하고 행복하게 사는 사람들의 공통점은 다른 사람과 진정한 유대관계를 맺고 유지하는 것이다. 성공에는 이런 더 큰 목적이 포함되어야 한다. 이것을 나중으로 미루어서는 안 된다. 맨처음에 나온 모건스탠리 금융인의 이야기가 보여주듯이 말이다.

언젠가 나는 듀폰, 타이슨, 호이징가, 한마디로 미국 명문가의 후손 세 사람이 토의하는 자리에서 사회를 맡은 적이 있다. 이 세 사람의 공통적인 의견은 다음과 같았다.

"삶을 개척하려고 할 때 가문의 이름과 역사는 나에게 도움이 되기보다 나의 길을 가로막았습니다."

우리를 어떤 목적지로 몰아가는 이 폭풍에 저항하려면 힘이 필요하다. 냉철한 성찰과 현실 인식이야말로 참된 내가 될 수 있는 권리를 주장할 수 있는 유일한 방법이다. 당신은 무엇에 관심이 있는가? 당신의 가치관은 무엇인가? 당신의 인생철학은 이런 메시지에 맞서고, 살아 있는 동안 지속될 성공 개념을 만들기에 충분한가?

고대 그리스인들은 우리와 아주 다른 '성공' 개념을 갖고 있었다. 그들에게 '좋은 삶'이란 의미 있는 삶을 살고 더 위대한 선에 기여하는 것이었다. 그들은 다음의 연구 결과가 확인한 내용을 직관적으로 알았다. "'주는 자'는 자신을 초월하는 목적을 갖고 있기 때문에 더 행복하고, 더 큰 성취감을 느낀다."

하지만 많은 지도자들이 이런 뒤죽박죽의 감정적 지형을 탐험할 도구와 감정, 지능, 그리고 용기가 부족하다.

최근 가진 패스노스 모임에서 다음과 같은 질문이 제시되었다. "당신의 자녀들은 당신에게 가장 중요한 것이 무엇이라고 말하는가?"

약간의 시간이 흐른 뒤 참석자들간에 열띤 이야기가 이어졌다. 사람들은 있는 그대로 감정을 나누었고, 진실하면서도 긴밀한 관계를 맺었다. 그리고 이날의 경험을 통해 많은 사람들이 자신의 삶을 다시 생각하게 되었다.

당신은 이 질문에 어떻게 대답하겠는가? 더 낫고 더 투명한 사람이 되기 위한 여정에서 싸움의 절반은 삶의 큰 질문들을 충분히 탐색할 정도로 편안해지는 것이다.

모임이 끝날 무렵, 나는 참석자들에게 후회스러운 점과 앞으로 자신이 이루고자 하는 변화에 대해 짧은 편지를 써보라고 요청했다. 그러고는 그 편지를 모아 한 달 뒤 각자의 집으로 부쳤다. 그 편지는 그들이 정말 중요하다고 생각한 것을 상기시켜 줄 것이다. 이를 테면 성찰이 끝나고 난 뒤 일상으로 복귀해서는 삶의 큰 질문들을 외면하는 경향이 있다. 하지만 모임 당시 자신의 성찰과 약속을 적은 편지를 받는 순간 기억이 되살아날 테고, 그것은 자신이 원한 변화에 대해 다시 생각하고 노력하게 만드는 계기가 될 것이다.

질문들은 우리의 마음과 정신을 일깨우고, 힘들지만 자신에 대해 정직하게 대답하게 한다. 다음의 추가 질문에 대해 잠시 숙고해 볼 필요가 있다.

- 무엇이 당신에게 희망을 주는가?
- 당신은 어떻게 기억되고 싶은가?
- 당신 인생의 특별한 상황이나 행동에서 '빠져나오지 못할 때' 어떤 생각이 드는가?
- 산꼭대기에서 무엇이라고 외치고 싶은가?
- 당신의 삶의 목표를 가로막는 최대의 장애물은 무엇인가?
- 당신에게는 '가면증후군'이 있는가? 어쩌다 그렇게 되었는가?
- 당신이 보기에 누가 목적이 있는 삶을 사는 것 같은가?

성공과 실패에 대한 뿌리 깊은 생각을 다시 숙고하고 상상하려면 편안한 마음으로 깊이 자기를 성찰하는 것이 매우 중요하다. 자신을 면밀히 살펴보면 어떤 요소가 특별히 진짜 중요한 것에 대한 자신의 관점과 신념을 형성하는지 이해하는 데 도움이 된다.

'조금만 더'의 유혹 ──

"왜 사람들은 끊임없이 자기에게 만족스럽지 못한 상황을 만들까?"

마이클 루이스Michael Lewis는《뉴뉴씽》에서 이렇게 질문한다. 루이스는 이 책에서 부의 축적이 초래하는 불만스러운 측면을 이해하려고 시도한다. 그는 억만장자이자 기업가인 제임스 클라크James Clark를 자신의 삶에 만족하지 못하는 사람의 예로 든다.

클라크는 넷스케이프의 창립자다. 억만장자가 되기 전 클라크는 항상 조금만 더 가지면 만족할 수 있을 것이라고 믿었다. 그의 첫 목표는 천만 달러였지만 이 숫자는 계속 커졌다. 목표를 달성할 때마다 더 큰 목표가 생겼다. 루이스는 클라크가 예전에 했던 말을 상기해 주었다. 클라크는 예전에 루이스에게 자신의 재산이 10억 달러가 되면 만족하고 은퇴할 것이라고 했다. 그 말에 클라크는 이렇게 말을 바꿨다.

"나는 딱 래리 앨리슨보다 돈을 더 많이 벌고 싶어. 그런 다음에 그만둘 거야."

루이스는 그에게 빌 게이츠보다 더 많은 재산을 갖고 싶은지 물었다. 클라크는 힘주어 대답했다.

"아냐, 결코 그런 일은 일어나지 않을 거야."

몇 분 뒤 클라크는 자신의 말을 수정했다.

"있잖아, 아주 잠깐만이라도 나는 세계 최고 부자가 되고 싶어. 아주 잠깐이라도 말이야."[01]

클라크의 행동은 특별한 것이 아니다. 인간은 결코 만족하지 못하는 동물이기 때문이다. 우리 안의 불안과 악마는 우리가 결코 충분하다고 느끼지 못하게 만든다. 우리는 어쩌면 실제 없는 '조금만 더'를 좇고 있는지 모른다. 클라크처럼 말을 잽싸게 바꾸어, 자신이 추구하는 목표가 가족을 위한 것이라는 둥, 직원들을 위한 것이라는 둥의 이유를 들어 정당화하려고 한다. 이런 마음의 깊은 곳에는 불안과 공허가 도사리고 있다.

파스칼은 이것을 "모든 인간의 마음에 있는 존재론적 구멍"이라고 했다. 그는 이 고통을 인간 조건의 일부, 즉 단순히 물질이 아니라 신성한 것을 향한 갈망이라고 보았다. 그러나 환상에 불과한 '조금만 더'는 우리 마음의 욕구에서 더 멀어지게 할 뿐이다. 연구에 따르면, 연봉이 7만5천 달러가 되면 소득이 더 늘어도 행복은 더 늘어나지 않는다고 한다.[02]

톨스토이의 우화와 이야기들은 성공의 어두운 면에 대해 많은 것을 가르쳐준다. 그의 단편 〈사람에겐 얼마만큼의 땅이 필요한가?〉에서 톨스토이는 파홈이라는 젊고 야심찬 러시아 농부의 이야기를 들려준다. 파홈은 동쪽 지역으로 가서 유목민족인 바슈키르족 지역에서 농장을 확장하려고 한다. 그는 땅을 사려고 했지만 거절당한다. 대신 부족은 파홈의 목표를 이룰 수 있는 새로운 방법을 제안한다. 해가 뜬 순간부터 해가 질 때까지 걸어서 갔다가 다시 출발 지점으로 돌아오면 그 원형 모양의 땅을 모두 주겠다는 것이다.

믿기 어려울 정도로 좋은 제안이다. 다음 날 아침, 파홈은 부푼 가슴을 안고 길을 떠난다. 아름답고 비옥한 땅을 보니 저절로 걸음이 빨라지고 기쁘다. 그는 스스로를 한계점까지 몰아붙이면서도 해를 놓치지 않는다. 일몰이 되자 파홈은 완전히 지쳐 탈진 상태가 됐지만 출발점으로 돌아오는 데 성공한다. 그는 상상하기 힘들 정도의 부를 보장해줄 땅을 확보한다.

해가 지평선 아래로 사라짐과 동시에 파홈은 기력이 다해 바슈키르족 추장의 발 앞에 쓰러진다. 부족은 파홈이 이뤄낸 믿기 어려울 정도의 성취에 크게 환호한다. 그러나 파홈은 일어나서 축하를 받지 못한다. 그는 자신이 추구한 소중한 바로 그것 때문에 죽었다. 톨스토이는 머릿속에서 사라지지 않는 다음 구절로 이야기를 끝맺는다.

"그의 하인은 삽을 들어 파홈이 누울 만한 넓이의 땅을 파서 그를 묻었다. 그의 머리부터 발까지 180센티미터의 땅이 그에게 필요한 전부였다."

콰쾅! 우리는 얼마나 자주 대가를 고려하지 않고 목표를 달성하려고 애쓰는가? 우리는 무엇을 추구해야 하는가? 이런 질문을 회피하면 우리는 우리가 갈망하는 대상처럼 공허하게 될 위험이 있다.

워싱턴이나 뉴욕의 거리를 걷다 보면 한때 '대단했던' 인물들을 종종 보게 된다. 그들을 보면 성공과 악명은 잠깐이라는 생각이 든다. 전 상원의원 리처드 루가Richard Lugar는 우리 빌딩에 사무실을 두고 있었다. 루가는 여러 면에서 거물이었다. 그는 로즈 장학생이자 인디애나폴리스의 시장이었다. 여섯 번에 걸쳐 미국 상원의원을 지내고, 상원 외교위원회 의장을 맡기도 했던 그였지만 워싱턴의 거리를 걸어다녀도 이제 그를 알아보는 사람은 거의 없다.

큰 성공을 이룬 사람들 중 언젠가 그들이 역사의 각주에 불과한 존재가 될 것이라고 생각하는 사람은 거의 없다. 하지만 유감스럽게도 그것이 인생이다. "나는 유명인사에서 무명인이 되었다."라고 말한 한 은퇴한 CEO의 말처럼 말이다.

우리는 온갖 형태와 색깔을 지닌 성공을 추구한다. 조금이라도 부를 늘려줄 것 같은 모든 것을 잡기 위해 애쓰고, 사람들로부터 영원히 환대 받을 것이라 굳게 믿는다. 미국 최고의 재무 설계사이자 《다 쓰고 죽어라》의 작가인 스테판 폴란Stephen Pollan은 자신의 고객들에게서 당혹스러운 현상 하나를 목격했다. 아무리 부유한 사람도 결코 자신이 안전하다고 느끼거나 충분히 성공했다고 생각하지 않는다는 점이다. 이를 통해 폴란은 하나의 결론에 도달했다. 간단히 말하자면, 그들은 자신이 언젠가 죽는다는 사실을 믿지 않았다. 그들은 마치 영원히 살

것처럼 쌓고 또 쌓았다.[03]

폴란은 고객들에게 자신이 죽을 수 있다고 생각하는 나이를 말해보라고 했다. 그러면서 그 한정된 시간을 염두에 두고 살라고 조언했다.

만일 당신에게 앞으로 남은 날이 20년이라면 당신은 사랑하는 사람의 더 나은 삶을 위해 당신의 재산을 사용하지 않을 수 있는가? 그러는 대신 당신의 가족을 위해 기억에 남을 경험에 돈을 사용하라. 평생 당신에게 큰 의미였던 사람들에게 의미 있는 선물을 하라.

이 과정에서 폴란은 고객들이 자신의 미래를 다시 생각할 수 있도록 도와주는 방법 하나를 찾았다. 공허한 목표를 좇는 대신 풍요로운 이야기로 삶의 중심을 전환하는 것이다. 성공이 우리의 인간성과 조화를 이루지 못하면 비극으로 끝날 수밖에 없다. 보람 있는 삶을 살려면 기본적으로 인간관계를 잘 가꾸고 핵심 가치를 중요하게 여겨야 한다.

실패의 중요성 ─

보스턴대학 연구자인 카렌 아놀드Karen Arnold는 흥미로운 연구를 통해 81명의 고교 졸업생 대표(보통 최우등 졸업생_옮긴이)와 환영사를 맡은 졸업생(보통 차석 졸업생_옮긴이)을 추적했다. 이 연구의 목적은 학생 시절에 우수한 성과를 낸 학생들이 이후 삶에서도 더 나은 성과를 거두는지 살펴보는 것이었다. 연구 결과, 확실은 그들은 모두 높은 성과를 냈다. 그렇다면 이들 중 얼마나 많은 이들이 세상을 바꾸었을까?

놀랍게도 그 대답은 제로다. 이 연구는 교실에서 보인 성과가 이후의 삶에서도 중요한 영향력을 미치느냐는 물음에 그렇지 않다는 것을 확실히 보여주었다. 아놀드는 이렇게 말한다.

"졸업생 대표들은 미래의 선구자가 되지 못하는 것 같습니다. 그들은 대개 기존 제도를 바꾸려 하기보다 그에 적응합니다."

학교는 학교에서 배운 대로 실천하는 학생들을 칭찬한다. 아놀드의 결론은 이렇다.

"기본적으로 우리는 기존 제도에 잘 적응하고 순응하는 사람에게 보상합니다."[04]

규칙을 따르면 실패를 피할 순 있지만 혁신으로 이어지지는 않는다. 생각을 더 확장하면, 성공에는 본질적으로 실패가 포함된다고 볼 수 있다. 당신의 목표가 전통적인 경계를 무너뜨리고 실제적인 영향을 미치길 바라는 것이라면 이 여정에서 실패는 필수다.

우리는 실패를 폄하하는 경향이 있다. 심지어 숨겨야 하는 것으로 생각하기도 한다. 반면에 성공은 드러내야 하는 것, 멋진 것으로 생각한다. 하지만 이런 규칙을 지키면 결국엔 잃게 되는 것이 많다.

2016년, 프린스턴대 심리학과 조교수였던 요하네스 하우쇼퍼 Johannes Haushofer는 자신의 뼈아픈 실패를 기록한 이력서를 준비하기로 했다. 그는 그것을 '실패 이력서CV of Failures'라 이름 붙이고 세상 사람들이 볼 수 있도록 자신의 트위터에 올렸다. 그러고는 이렇게 썼다.

"내가 시도한 것 중 대부분은 실패했습니다. 실패는 쉽게 보이지 않지만 성공은 잘 보입니다. 때로 나의 일이 다른 사람들에게 대부분 성공적이라는 인상을 준다는 사실을 알게 되었습니다."

그의 말에 따르면, 오로지 성공만을 예상하는 것은 결과적으로 좋지 않은 영향을 미친다. 포스팅이 많은 주목을 받자 그는 우스갯소리를 했다.

"이 빌어먹을 실패 이력서가 그동안 내가 이룬 학문적 성과보다 훨씬 더 많은 주목을 받았습니다."[05]

그는 진실을 보여주었다. 성공으로 가는 과정에는 실패가 가득하다. 우리는 모두 이 사실을 알고 있지만 큰 소리로 말할 정도로 용기 있는 사람은 거의 없다. 역설적으로, 실패는 우리를 진정한 성공의 길로 인도한다. 실패의 교훈에 주의를 기울이면, 실패는 실제로 새로운 시작이 될 수 있다.

자신을 되돌아보려면 시간이 필요하다. 건강 문제, 이혼, 자녀의 죽음, 해고 등 어떤 식으로든 시험을 당하면 결심이 확고해질 수 있다. 이 모든 것은 당신의 생각에 달렸다. 솔로몬 왕은 이렇게 말했다.

"대저 그 마음의 생각이 어떠하면 그 위인도 그러하니라."[06]

실패는 거절당한 것처럼 느껴질 수 있지만 앞으로 나아갈 수 있는 연료가 될 수도 있다. 거절을 최종 결과로 생각해서는 안 된다. 닥터 수스Dr. Seuss의 《멀베리 거리에서 본 것 같아》는 27개 출판사로부터 거절당했다. 하지만 그는 포기하지 않았다. 그는 28번째 출판사인 뱅

가드 프레스에 연락했고, 뱅가드는 이 책을 출판하기로 했다. 출간 후 이 책은 무려 6백만 권이 넘게 팔려 나갔다.

역사상 엄청난 영향력을 미친 사람들도 거절을 피하지 못했다. 하지만 그들은 그것을 최종 결과라 생각하지 않고 뚫고 나갔다. 데이비드 하트먼David Hartman은 8살 때 시력을 잃었다. 하지만 그는 의사가 되기로 결심했다. 1970년대 초만 해도 의과 대학을 졸업한 시각 장애인은 한 사람도 없었다. 하트먼은 9개 대학으로부터 입학을 거절 당했다. 하지만 좌절하지 않았고, 결국 26살에 필라델피아 템플대학을 졸업하고 의사가 되었다.

당신이 어떤 일에 열정이 있다면 다른 사람들이 당신의 운명을 결정하도록 내버려두지 마라. 프리드리히 니체는 이런 회복력에 대해 이렇게 말했다.

"나를 죽이지 못하는 것은 나를 더 강하게 만든다."

어느 날 아침 뉴욕에서 조찬 모임을 하고 있는데, 헤지펀드 관리자 하나가 하버드대 정신과 의사인 아먼드 니콜리Armand Nicholi에게 질문을 던졌다. 당시 나는 니콜리와 함께 프로이트와 C. S. 루이스의 철학적 세계관을 비교하는 다큐멘터리를 만들고 있었다. 그가 니콜리에게 물었다.

"어떤 사람이 큰 곤경에 빠져 차도로 뛰어들어 삶을 마감하려고 합니다. 이때 당신에게 그의 걸음을 바꿀 단 한 번의 기회가 주어진다면 무엇을 하시겠습니까?"

니콜리는 처음에는 가정에 기초한 이 질문에 대답하는 걸 거부했다. 하지만 상대는 끈질기게 대답을 요구했고, 결국 니콜리는 이렇게 대답했다.

"곤경에 처한 그 사람에게 자신보다 더 힘든 상황에 처한 사람을 도와주라고 충고하고 싶습니다."

그러면서 그는 주는 사람이 되면 진정한 변화가 가능하고, 심지어 감정 상태뿐만 아니라 몸의 화학 반응도 바꿀 수 있다고 덧붙였다. 한마디로, 개인의 정신 상태와 상관없이 적극적으로 다른 사람에게 베푸는 것은 항상 도움이 된다. 당신이 실패자처럼 느껴진다면 당신보다 훨씬 더 나쁜 상태에 처한 사람을 떠올려 보라.

성공과 실패라는 이분법적 사고 구조는 문제가 있다. 세상은 흑과 백으로 움직이지 않는다. 영화 〈찰리 윌슨의 전쟁〉에는 선과 악에 대한 오래된 이야기가 나온다. 영화에서 어떤 농부에게 말 한 마리가 있는데 어느 날 그의 말이 달아났다. 이웃들은 큰 상실의 고통을 당한 농부를 위로하며 "지지리 운도 없지!"라며 함께 한탄했다. 하지만 농부는 어깨를 으쓱하며 이렇게 말했다.

"이 일이 좋은 일인지 나쁜 일인지 누가 압니까?"

한 달 뒤 그 말이 두 마리의 야생마와 함께 돌아왔다. 이웃들이 신이 나서 말했다.

"정말 운도 좋지!"

다시 농부가 어깨를 으쓱하며 말했다.

"이 일이 좋은 일인지 나쁜 일인지 누가 압니까?"

얼마 지나지 않아 농부의 아들이 야생마를 타다가 떨어져 다리가 부러졌다. 이웃들은 불운이라고 말했고, 다시 농부가 말했다.

"이 일이 좋은 일인지 나쁜 일인지 누가 압니까?"

그 뒤 부족 전쟁이 일어나 건강한 남자들이 모두 전쟁터로 동원됐다. 농부의 아들은 다리 때문에 동원을 면했다. 이웃들이 축하 인사를 건네자 농부가 다시 중얼거렸다.

"이 일이 좋은 일인지 나쁜 일인지 누가 압니까?"

우리가 문제를 바라보는 관점은 문제가 우리 삶에 어떤 영향을 미칠지를 결정하는 요소다. 일이 좌절되더라도 주의를 기울이면 새로운 출발의 신호가 될 수 있다. C. S. 루이스는 "고통은 하나님의 메가폰"이라고 했다. 고통이 우리의 길을 가로막으면 우리는 어쩔 수 없이 상황을 살피고 가능성을 숙고하면서 새로운 현실에 적응하려고 한다.

듀크대학 행동경제학과의 댄 애리얼리Dan Ariely 교수는 비극적인 사건 이후 자신의 직업을 갖게 되었다. 사고로 조명탄이 폭발하면서 그는 심한 화상을 입고 몸의 70퍼센트 이상이 넘는 부위에 3도 화상을 당했다. 하지만 이 사고는 젊은 청년의 삶을 정상 궤도에서 이탈시키지 못했다. 오히려 정반대되는 결과를 낳았다.

고통스러운 회복의 시간 동안 애리얼리는 '주변의 일들을 주목하고 기록하기' 시작했다. 그에 따르면, 그는 병원에서 달리 할 일이 없었다. 새로 발견한 것들에 대한 호기심은 애리얼리가 인간 행동을 연구하도록 자극했다. 회복력 분야에 대한 그의 연구는 획기적이었다. 이 모든 일은 비극처럼 보이는 일에서 비롯되었다.

평가 중심의 문화에서 실패는 또 다른 교훈을 준다.《해리포터》시리즈의 작가 조앤 K. 롤링은 몇 년 전 하버드대 졸업식에서 감명 깊은 연설을 했다. 그것은 내가 이제껏 들은 연설 중 가장 흥미로웠다. 그녀는 명성을 얻기 전 가난했던 삶에 대해 말한 뒤 이렇게 덧붙였다.

"여러분의 나이대에 내가 나에 대해 가장 두려워했던 건 가난이 아니라 실패였습니다."

그러고는 다시 말을 이었다.

"여러분이 하버드를 졸업했다는 사실은 여러분이 실패에 대해 아주 낯설다는 것을 말해줍니다. 여러분은 성공에 대한 욕구 못지않게 실패에 대한 두려움에 사로잡힐지도 모릅니다."

롤링은 실패를 소중하게 여긴다고 말했다. 그녀에게 있어 "실패는 비본질적인 것을 제거하는 것을 의미했습니다. 있는 그대로의 나가 아닌, 중요한 사람이라는 허위의식을 버렸습니다. 그러게 드러난 밑바닥은 내 삶을 다시 세우는 견고한 기초가 되었습니다."[07]

실패하는 것을 두려워했다면 롤링을 지지해준 근본 토대였던 비판적인 자기평가를 놓쳤을 것이다.

미국 테네시주 동부의 녹스빌에서 기업을 이끌고 있는 마이크 웨스트Mike West는 나의 MBA 과정 학생들에게 실패를 빨리 받아들이라고 조언하여 학생들을 동요시키곤 한다. 이해하기 힘들겠지만 실패는 내적 안정감을 만들어내는 효과가 있다. 실패는 우리를 더 강하고 더 현명하게 하기 때문이다. 삶은 실제로 우리에게 일어나는 일 10퍼센트와 그에 대한 우리의 반응 90퍼센트로 이루어진다.

우리는 우리의 세계를 뒤흔드는 진지한 문제는 직면하지 않으려고 한다. 하지만 실패에 의한 좌절은 우리가 삶에 접근하는 방식을 재정의하는 기회가 될 수 있다. 지금은 고인이 된 하버드 비즈니스스쿨의 클레이튼 크리스텐슨Clayton Christensen 교수는 자신의 건강에 대해 심각한 진단을 받은 뒤 이렇게 썼다.

"올해 나는 암 진단을 받았고, 나의 삶이 내가 계획한 것보다 더 빨리 끝날 수 있다는 가능성에 직면했다. 나는 내 생각이 나의 연구 결과를 이용하는 기업에 엄청난 수익을 가져다준다는 사실을 잘 알고 있다. 나는 내가 상당한 영향력을 갖고 있다는 사실도 잘 안다. 하지만 질병에 맞닥뜨린 상황에서 나는, 흥미롭게도 그 영향력이 지금 나에게 얼마나 보잘것없는지 확실히 알게 되었다."[08]

크리스텐슨과 마찬가지로 우리는 모두 예기치 않은 충격을 감당해야 한다. 이것은 아무도 피할 수 없는 일이다. 예수는 이에 대해 지혜롭게 예언했다.

"너희는 세상에서 환난을 당할 것이다."[09]

따라서 실컷 울고 난 뒤에는 변화된 환경을 기꺼이 받아들여야 한다. 그리고 이 새로운 현실에 기초하여 삶의 과제를 다시 분명하게 정의해야 한다.

그렇다면 실패가 정말 의미 있고 성숙한 삶을 가르쳐주는 선생이 될 수 있을까? 나아가 성공으로 가는 길을 나설 수 있도록 도와줄까?

실패는 실제로 성공의 핵심적인 부분이다. 베이브 루스에게 물어보라. 그는 메이저리그 최다 홈런 기록을 갖고 있지만 최다 삼진아웃 기록도 갖고 있다. 아니면 에디슨을 생각해보라. 그는 천 개가 넘는 특허권을 갖고 있다. 그는 전구와 축음기를 비롯해 다른 수많은 발명품을 만들었다. 하지만 그는 전기 펜과 같은 새로운 제품은 만들지 못했다. 실패에 대한 그의 관점은 매우 교훈적이었다. 그는 말했다.

"나는 만 번 실패한 것이 아닙니다. 제대로 작동하지 않는 만 가지 방법을 발견하는 데 성공한 것입니다."

당신이 한때 최대 실패라고 생각하던 것들이 당신을 더 나은 사람, 더 성숙한 인간으로 만들었는지도 모른다. 우리의 정체성이 오직 자신의 직업적 성취와 '성공'에 좌우된다고 생각하는 것은 잘못이며, 매우 파괴적이다. 참된 사람은 실패를 끝이 아닌 인간성에 기초한 발견의 여정을 떠나는 출발점이라고 본다.

회복력을 통해 성숙하라 —

우리가 성공 개념, 즉 실패할 가능성을 받아들이다 보면 성공에 꼭 필요한 특성이 분명히 드러나는데, 바로 회복력이다. 실패나 고난에서 회복하는 방법을 모르면 우리가 추구하는 성공은 결코 이룰 수 없을 것이다.

연구에 따르면, 성공하는 사람들은 회복력이 크다. 아무런 문제없이 사는 사람에게 성공이 찾아오는 경우는 거의 없다. 좌절과 역경은 회복력을 시험하고 발전시킬 기회를 제공한다. 내 친구이자 투자 파트너인 빌 메이어Bill Mayer는 어떤 사람이 훌륭한 지도자감인지 알아보는 가장 좋은 방법은 그를 '생각해야' 하는 환경에 놓아두는 것이라고 말한다. 그는 외딴 섬에 발이 묶인 상황에 처했을 때 곧 죽는 사람과 생존하는 방법을 찾는 사람으로 사람들을 나눈다. 당신은 어느 쪽인가?

알베르트 까뮈는 자신 안에서 이 두 가지 힘의 강력한 연관성을 관찰했다. 그는 단언했다.

"한겨울, 마침내 나는 내 안에 아무도 꺾을 수 없는 여름이 있다는 것을 알았다."

까뮈는 그때까지 알려지지 않았던 정신력을 발견한 순간을 말하고 있다.

나는 고통 또는 좌절과 회복력의 관계를 오랫동안 숙고해 왔다. 사람들이 회복력을 갖고 태어나는지 아니면 학습을 통해 획득하는지 궁금했다. UCLA 공중보건대학에 따르면 "회복력은 훈련에 의해 습득되는 습관이다. 더 많이 훈련할수록 역경에서 회복하는 능력이 더 커진다. 회복력은 마치 모든 일이 아무 문제가 없는 것처럼 행동하는 것이 아니라 건강한 인생 관리 기술을 개발하는 것이다."[10]

나는 이 말에 대체로 동의한다. 어떤 이들은 더 밝고 더 강한 회복력을 갖고 태어나지만 회복력은 긍정적인 태도와 훈련을 통해 만들어지고, 강화될 수 있다. 당신은 매일 회복력에 관한 기술을 배우고 개선할 수 있다. 회복력을 시험할 시기를 기다리지 마라. 가혹한 시기를 바꿀 수 있는 견고한 토대를 만들어라. 당신 자신은 물론 다른 사람들과 소통하는 커뮤니케이터가 되라. 상황을 깊이 생각하고 나누고 다시 설정하라. 감사와 웃음에 집중하라. 이런 모든 행동을 통해 스트레스 호르몬이 줄고 면역 체계가 향상되어 더 강해지고 회복력도 더 커진다.

미국심리학회는 회복력을 "역경, 트라우마, 비극, 위협, 또는 중대한 스트레스 요인에 직면하여 잘 적응하는 것"이라고 정의한다. 이 정의에 따르면, 회복력을 '회복할 필요성이 있을 때' 일회적으로 발생하는 것으로 볼 것이 아니라 지속적인 훈련으로 보아야 한다.[11] 달리 말하면, 새로운 기술을 배울 때처럼 우리는 회복력을 훈련해야 한다.

1962년 부부 심리학자인 빅터 고어츨Victor Goertzel과 밀드레드 고어츨Mildred Goertzel은《세계적 인물은 어떻게 키워지는가》라는 책을 출간했다. 이 책에서 고어츨 부부는 헨리 포드에서 엘리너 루스벨트, 마리 퀴리, 루이스 암스트롱에 이르기까지 사회에 긍정적인 영향을 미친 유명인사 400명의 성장 과정을 담아내 교육계와 언론의 대대적인 주목을 받았다. 하지만 충격적이게도, 고어츨 부부는 연구 대상자의 15퍼센트만이 안정적이고 협조적인 가정에서 자랐다는 사실을 발견했다. 4백 명 중 75퍼센트인 300명은 학대, 알코올 중독, 유기를 비롯한 다른 문제가 있는 환경에서 자랐다. 이 결과를 토대로 저자들은 다음과 같은 결론을 내렸다.

"'정상적인' 사람은 명예의 전당의 후보자가 될 가능성이 없다."[12]

오늘날 명예의 전당 명단에는 르브론 제임스, 하워드 슐츠, 오프라 윈프리가 포함된다. 이들은 성공에 중요한 역할을 한 공통적인 특징을 갖고 있다. 이들 모두 회복력 기술을 숙달했으며, 자신의 길을 다른 사람이 결정하도록 내버려두지 않았다.

나는 폭력적이고 알코올에 중독된 아버지 밑에서 자란 두 형제에 관한 이야기를 알고 있다. 형제 중 하나는 성장하여 모범적인 시민이 되어 술을 자제하는 훌륭한 아버지가 된 반면 한 명은 가망 없는 술꾼이 되어 걸핏하면 학대를 일삼고 있다. 두 사람이 어떤 계기로 그렇게 되었는지를 물었을 때 두 사람의 대답은 똑같았다.

"아버지가 그 모양인데 내가 어떻게 지금처럼 되지 않을 수 있었겠습니까?"

시인 딜런 토머스Dylan Thomas는 이렇게 썼다.

"불행한 아동기보다 더 나쁜 것이 있다. 그것은 너무 행복한 아동기를 보내는 것이다."

역경이 모든 사람에게 명성을 가져다줄 순 없지만 더 큰 회복력을 얻고 감사하는 마음을 갖게 하는 데는 도움이 될 수 있다. 버펄로 대학의 심리학자 마크 시리Mark Seery의 연구 결과가 이를 뒷받침한다. 18세에서 101세 사이의 성인 2,400명을 대상으로 조사한 결과 이혼, 사별,

자연재해 등을 경험한 사람들은 평탄했던 사람들에 비해 실제로 적응력이 더 뛰어난 것으로 나타났다. 그리고 이런 역경을 겪은 실험 대상자들이 다른 사람보다 역할을 더 잘 수행하고 더 만족스러워했다.[13]

놀랍고 희망적인 진실이다. 역경은 종종 우리를 긍정적인 길로 가게 한다.

우리는 다양한 방식으로 역경에 대처할 수 있다. 정면 돌파를 할 수도 있고, 좀 더 영리한 방법을 취할 수도 있다. 역경에 직면하기 전 우리의 존재 상태가 역경을 견뎌내는 방식을 결정한다. 스탠퍼드대 건강심리학자 켈리 맥고니걸Kelly McGonigal은 2013년 테드 강연에서 도덕성에 관한 흥미로운 내용을 제시했다.

맥고니걸에 따르면 개인의 재정 위기나 이혼처럼 중요한 스트레스 경험은 사망 위험을 30퍼센트나 증가시킨다. 그러면서 그녀는 다른 사람을 돌보며 시간을 보내는 사람들은 스트레스와 관련된 사망 위험률이 증가하지 않는다고 밝혔다.[14] 이 말은 곧 스트레스의 영향은 불가피한 것이 아니며, 비이기적인 관심의 실천을 통해 관리할 수 있다는 의미다. 여기서 우리는 도움이 필요한 사람에게 손을 내미는 것이 회복력을 높인다는 사실을 알 수 있다.

회복력의 핵심은 내적인 힘이다. 빅터 프랭클은 자신의 저서 《죽음의 수용소에서》에서 나치 수용소에서 생존한 사람들은 신체적으로 건강한 사람이 아니라 마음과 정신이 강한 사람들이었다고 밝혔다. 그들에게는 생존을 간절히 바랄 만한 목적이 있었다. 이를테면 손주가 바이올린을 연주하는 것을 다시 보고 싶은 바람과 같은 것 말이다.

언젠가 해군 특수전 기초 훈련 과정을 견딘 네이비씰 대원 두 명과 이야기를 나눈 적이 있다. 그들은 나에게 운동 역량과 신체적 기량보다 중요한 것은 확고한 의지라고 말했다. 나는 놀라지 않았다.

인생의 어떤 시기에도 회복력을 개발할 수 있다. 일단 직장생활을 시작하면 매일매일이 발견의 과정이다. 스캇 펙M. Scott Peck은 그의 대표작《아직도 가야 할 길》을 이렇게 시작한다. "삶은 어렵다."[15]

맞는 말이다. 삶은 고통과 근심으로 가득한 힘들고 긴 여정이다.

2016년 브루킹스 연구소는 행복과 연령의 관계에 대한 연구를 통해 행복 지수가 낮은 시기는 25세에서 47세 사이이며, 최저점은 40세 무렵이라고 밝혔다.[16]

이런 결론이 대학 졸업자들에게 안도감을 주진 못하겠지만 시간이 흐르면서 우리가 예측 불가능한 삶에 점점 편안해지고, 회복력과 수용력이 더 커진다는 사실은 알려줄 수 있다. 비록 우리가 느끼지 못한다 해도 연륜이 쌓이는 동안 우리에게는 이런 능력이 생긴다.

성장하기 위해서는 장애물을 극복해야 한다. 역경과 고난은 삶을 조각하는 데 유용하다. 오직 역경만이 우리에게 무엇이 중요한지를 일깨워 준다. 역경은 삶의 다양한 경험과 그것이 우리에게 가르쳐주는 것을 깊이 이해할 수 있게 해준다. 그렇다면 고난과 고통과 곤경을 어떻게 생각해야 할까? 나는 내면의 전사를 불러내고 긴 안목을 갖추라고 제안하고 싶다. 당신의 성장 과정이 아무리 큰 영향을 미쳤다 해도,

당신은 자신에게 유리한 것을 선택할 수 있는 능력을 갖고 있다. 당신은 다른 길을 선택할 수 있다. 좌절, 실패, 역경을 기회라고 보면 다시 일어나 성공과 성장으로 나아갈 수 있다. 농구계의 전설 마이클 조던이 이것을 가장 잘 표현했다.

"나는 선수 생활 동안 9천 개 이상의 슛을 놓쳤다. 나는 3백 경기에서 패했다. 나는 경기의 승패를 뒤집을 수 있는 슛 기회에서 26번 실패했다. 나는 내 인생에서 계속해서 몇 번이고 실패했다. 하지만 그것이 내가 성공한 이유다."

성공과 실패의 개념을
정의할 수 있는가?

당신은 전 과목 A를 받고도 삶에서 낙제할 수 있다.
— 작가 워커 퍼시|WALKER PERCY

일기를 쓸 때 다음 질문과 활동을 깊이 생각해보라.

• 당신의 가족은 성공을 어떻게 정의하는가? 성공을 어떻게 축하하는가?

• 당신은 성공에 관한 어떤 다양한 메시지를 받았는가? 그 메시지는 당신의 관점에 어떤 영향을 미쳤는가?

• 당신은 성공을 어떻게 정의하는가? 당신은 성공한 사람인가?

• 당신에게는 성공의 구체적인 기준이 있는가? 어느 정도면 충분한가?

• 당신은 언제 실패했는가? 실패 후 어떤 느낌이 들었는가? 실패로부터 무엇을 배웠는가?

• 당신이 회복력을 보인 경험 두 가지를 말해보라. 그런 상황에서 당신이 인내하게 된 동기는 무엇인가?

• 당신의 자녀는 당신에게 가장 중요한 것이 무엇이라고 말하는가? 당신은 자녀가 무엇이라고 말해 주면 좋겠는가?

Rethinking Success

위험을 기꺼이
수용할 수 있는가?

우리에게 가장 큰 위험은

목표가 너무 높아서 달성하지 못하는 것이 아니라

쉽게 달성할 정도로 목표가 너무 낮다는 것이다.

— 미켈란젤로

내가 실패한다면 그것을 후회하지 않을 것이다.

나의 유일한 후회는 시도하지 않은 것이다.

— 아마존 창립자 제프 베조스 Jeff Bezos

아마 당신에게는 나의 삼촌 잭과 같은 친척이 있을 것이다. 그는 수많은 사업 아이디어를 구상했지만 하나도 실현하지 못했다. 게다가 그는 술을 지나치게 좋아한다. 이 스펙트럼의 끝에는 회계사인 나의 아버지가 있다. 정말 한결같은 아버지 에디는 42년을 같은 회사에서 일했다. 그의 일과는 지나칠 정도로 변함이 없었는데, 항상 똑같고, 안정되고, 믿음직스러웠다. 한마디로 그는 도덕적인 모델이었다.

하지만 오늘날엔 이 패러다임이 바뀌었다. 젊은 기업가들이 과감하게 규칙과 경계선을 깨고 있다. 위험을 감수하는 대담한 방식을 통해 '새로운' 일을 창조하는 접근 방식이 이제 소중한 가치가 되고 있다. 그렇다면 위험은 좋은 것일까, 아니면 염려해야 하는 것일까? 위험이 의미 있는 삶의 기본이며 소중히 여기고 환영해야 하는 것이라 하

자. 그럼 어떻게 하면 신중한 위험 감수자가 될 수 있을까? 그리고 이런 능력은 타고난 것일까, 아니면 훈련을 통해 기를 수 있는 걸까?

다른 중요한 문제와 마찬가지로 위험에 대한 우리의 시각은 우리가 인생 초기에 경험한 습관에 의해 형성된다. 우리는 발달 과정에서 가정에서 본 것들을 받아들이거나 거부한다.

기업가 정신을 연구하는 마고 마홀 비스나우Margot Machol Bisnow는 오랫동안 이 '위험 감수' 문제에 대해 고민했다. 그녀는 다음과 같은 질문을 통해 독특한 관점을 제시함으로써 이 주제에 대해 나에게 빛을 던져주었다.

"무엇이 기업가들로 하여금 위험을 편하게 여기게 만드는가?"

비스나우는 이 질문에 대한 대답을 찾기 위해 간단한 방법을 사용했다. 그녀는 젊은 기업가들에게 부모가 그들을 위험 감수자로 양육했는지 물었다. 그들의 대답은 놀랍게도 한결같았다. 그들은 모두 위험을 감수하고 인정하는 부모나 보호자를 두었다. 이것이 전부다.[01]

기업가가 된다는 것은 치열하고 힘들며 자기 의심과 두려움으로 가득한 일이다. 그 과정에서 많은 사람들이 빨리 정신 차리고 기업가의 길을 포기하고 '평범한' 직업을 가지라는 안팎의 소리를 따른다.

기업가든 아니든 상관없이 모든 청년이 위험을 받아들여야 하는지에 관해 비스나우는 이렇게 말한다.

"어떤 아이라도 자신의 재능을 자랑스러워하며 자신감을 갖고 두려움 없이 강한 직업 윤리를 갖도록 양육하는 것이 좋은 방법입니다."

강한 정서적 지지가 있으면 대학을 중퇴하고도 인터넷 기업을 설립할 수 있다. 뿐만 아니라 법학 학위를 받고 법률 사무소를 개소할 수 있으며, 아이들의 마음을 키우는 초등학교 선생님이 될 수도 있다. 경로는 중요하지 않다. 중요한 것은, 위험의 고저에 상관없이 두려움에 맞서 움직일 수 있느냐는 것이다.

인생의 목표가 위험 없는 삶을 사는 것이라면 우리는 의미와 성취가 있는 성공적인 삶을 살지 못할 것이다. 위험이 없다면 성장하지 못한다. 물론 모두가 극단적인 혹은 모험적인 위험 감수자가 될 필요는 없다. 하지만 삶에서 어느 정도 위험을 감수하는 것을 가치 있게 여기고 받아들일 필요는 있다.

당신의 위험 수용 능력은 얼마인가 —

사실 삶은 모두에게 위험하다. 하지만 위험 구성 요소에 대한 우리의 평가는 상대적이라 다른 사람과 비교할 수 없다. 어떤 사람에게는 매우 위험한 것이 다른 사람에게도 반드시 위험한 것은 아니다. 우리는 자신의 위험 수용 능력을 이해할 필요가 있다. 스스로를 다른 사람과 비교하는 것은 도움이 되지 않는다. 도전하려면 두려움에 맞서 발걸음을 내디뎌야 한다. 항구에 배를 묶어놓고 새로운 목적지로 항해할 수는 없지 않은가. 그런데 두려움은 우리를 안전한 항구에 묶어놓는다. 이런 상태가 처음에는 편안할지 몰라도 시간이 지나면 오히려 두려움에 기초한 방어적인 삶을 살게 만든다.

위험 요소가 어떤 것이든 위험은 우리의 성장을 위해 존재한다. 얼마 전 한 친구가 나에게 이런 말을 했다.

"장벽과 장애물이 존재하는 이유가 뭔지 알아? 우리가 목표를 얼마나 간절히 원하는지, 장애물을 극복하기 위해 무엇을 해야 할지 생각해보라는 거야."

〈내셔널 지오그래픽〉의 데이비드 돕스David Dobbs는 인간의 타고난 욕구를 이렇게 설명한다.

"저 멀리 있는 산등성이나 바다 너머 또는 이 지구에 무엇이 있는지 보고 싶은 충동은 인간의 정체성과 성공의 본질적인 부분이다."02

위험은 〈내셔널 지오그래픽〉의 탐험가들이나 예속에 얽매이지 않는 야인들만을 위한 것이 아니다. 우리 모두는 어떤 식으로든 위험을 무릅쓰고 밖으로 나갈 필요가 있다. 이것은 인간의 본질이다. 성공하려면 성장해야 하고, 성장하려면 위험을 마주해야 한다.

물론 피해야 할 위험과 훈련도 있다. 몇 년 전 나는 작고한 로버트 케네디Robert Kennedy의 아들 마이클 케네디Michael Kennedy와 뉴욕에서 하루를 함께 보냈다. 우리가 만난 시기는 그다지 좋은 때가 아니었다. 그의 사촌은 나에게 그가 현재 곤경에 빠져 있다며 그와 이야기를 나누어달라고 부탁했다. 나는 마이클의 지적 능력을 넘어 위험을 감수하는 그의 태도에 큰 감명을 받았다.

다음 날 아침 조찬 토론회에서 마이클을 다시 만났다. 그날은 당시 존슨앤드존슨의 이사장이자 CEO인 랄프 라슨Ralph Larsen이 죽음을 주제로 대화를 이끌었다. 충동적으로 나는 마이클에게 퉁명스러운 질문을 던졌다. 입에서 질문이 나간 순간 나는 내가 얼마나 무감각했는지 후회했다.

"그런데요, 마이클. 죽음을 어떻게 이해하십니까? 특히 당신의 삼촌 존 F. 케네디와 당신의 사랑하는 아버지 바비 케네디의 비극적인 암살에 비추어 볼 때 말입니다."

그러나 마이클은 조금도 주저하지 않았다. 먼저 그는 그의 가족이 죽음과 슬픔에 대해 매우 익숙하다고 말했다. 죽음은 그의 가족에게 일상적인 사건이었다. 그러면서 그는 그의 가족이 케네디 가문의 위험한 결정과 죽음에 대해 감정보다는 거의 철학적으로 접근한다고 덧붙였다. 그의 대답은 뜻밖이었지만 케네디 가문의 비극을 생각할 때 충분히 이해할 만했다.

조찬 모임이 끝난 뒤, 마이클은 사촌들과 함께 스키를 탄다며 아스펜으로 떠났다. 마이클과 사촌들은 가파른 스키 슬로프를 질주했다. 마이클은 나무와 충돌했고, 즉사했다.

나는 이 비극적인 사건을 듣고 큰 충격을 받았다. 나중에 그와 나눴던 대화를 떠올리면서 무엇이 마이클로 하여금 한계를 뛰어넘도록 했는지 궁금했다. 동시에 위험 감수라는 개념에 대해 점점 더 호기심을 갖게 되었다. 그것이 위대한 혁신으로 이어지는 밝은 측면과 끔찍한 결과를 초래하는 어두운 측면 모두에 대해서 말이다.

위험 회피는 그 자체로 문제가 된다. 하지만 우리는 이 부분을 크게 신경 쓰지 않는다. 몇 년 전, 글렌 영킨Glenn Youngkin은 사모펀드 기업인 칼라일 그룹의 유럽 지사 책임자였다(지금 그는 이 기업의 CEO다.). 글렌은 훤칠한 키에 호감을 주는 외모를 비롯해 모든 것을 갖고 있었다. 그는 하버드 경영대 베이커 장학생이었고, 칼라일의 투자 포트폴리오를 통해 성공을 거두었다. 글렌은 기업 창립 멤버 중 한 사람에게 만나자는 호출을 받고 마음이 들떴다. 업무 능력을 인정받는 것은 누구에게나 기분 좋은 일이지 않은가. 그런 그가 버지니아에 있는 저택 뒤편 베란다에서 창립 멤버에게 다른 일자리를 알아봐야 할 것 같다는 말을 들었을 때 얼마나 충격을 받았을지 상상해보라.

그는 믿을 수 없었다. 왜? 어째서? 이해할 수 없었다. 그의 실적은 탁월했다.

창립 멤버들은 글렌이 지나치게 위험을 회피한다고 결론 내렸다. 그가 모험을 하지 않고, 새로운 기회를 잡기 위한 위험을 감수하지도 않는다고 했다.

이 날의 대화는 글렌의 삶을 바꾸었다. 그는 잠시 멈춰 서서 지난날을 되돌아보았다. 그는 자신이 방어적으로 사업을 해왔으며, 자신의 삶 역시 매우 방어적이었다는 사실을 깨달았다.

자신을 돌아본 글렌은 앞으로 자신의 삶에 큰 영향을 미칠 중요한 변화를 시도했다. 더 큰 위험을 받아들이겠다는 마음가짐으로 사업을 수행하고, 개인의 삶을 영위할 순간이 온 것이다. 새로운 패턴을 만들고 적용하는 데 시간이 걸렸지만 클렌은 성공적으로 이뤄냈다. 그는 이제 더 나은 기업가이며, 무엇보다 더 나은 사람이 되었다. 부상을 피하는 데만 집중한다면 어떤 게임에서도 이기지 못할 것이다. 목표는 승리하는 것이며, 승리에는 위험이 따른다. 무모한 방식은 물론 현명한 방식에도 위험을 감수하는 것은 필수라는 것을 기억하라.

유익한 위험을 감수하라 —

25퍼센트 정도의 사람들만이 다른 사람들보다 더 많은 호기심을 갖고, 더 큰 위험을 감수하는 돌연변이 유전자를 갖고 있다고 한다. 이 유전자의 이름은 DRD4-7R로, 여기서 도파민 수용체를 만드는 유전자인 DRD4의 변형이 DRD4-7R이다. DRD4-7R은 새로운 생각, 사람, 경험, 음식 등을 탐색하려는 호기심과 욕구를 유발한다. 한 연구자는 역사적으로 '탐험 유전자'를 갖고 있지만 위험을 회피하고 정착 형태의 삶을 살았던 개인들은 약해지거나 영양실조에 걸리는 경향이 있다고 말했다. 이와 반대로, 자신의 특별한 유전자에 따라 과감하게 모험을 떠나 탐색하고 탐험하는 삶을 산 사람들은 건강하고 의욕적이었다는 사실을 확인했다.[03]

사람들이 적절한 위험을 감수하게 만드는 환경을 조성해야 한다. 이 환경은 단순히 장소가 아니라 마음가짐이다.

나는 공항에서 종종 '책임감이 지나친' 부모가 부산한 자녀를 혼내는 것을 본다. 그들은 자녀가 새로운 환경을 활기차게 탐색할 때마다 그만 뛰라고, 예의를 지키라고 꾸짖는다. 안타깝게도, 통제하고 명령하고 싶은 욕구는 아이들의 상상력과 위험 감수 성향을 질식시킬 수 있다. 하지만 우리는 너무나도 자주 자신의 두려움을 자녀에게 투사한다. 인간은 탐험하도록 만들어졌다. 아이들이 한계를 넘어서고, 실수하고, 새로운 길을 발견하도록 허용하라.

UC버클리 대학의 발달심리학자 앨리슨 고프닉Alison Gopnik은 말한다. "우리는 나이가 들면서 덜 움직입니다[놉니다]. 새로운 대안을 점점 탐험하지 않고 익숙한 것에 머물도록 길들여집니다."[04]

우리는 위험을 재발견하고 즐겨야 한다. 그것은 우리에게 살아 있는 느낌과 자신감을 불어넣어준다. 다시 아이처럼 되라. 안전지대를 조금씩 넘어가라. 사회적 신호를 무시하고 어릴 때부터 위험과 놀이를 좋아하는 타고난 본성을 용인한다면 우리의 삶은 더 나아질 것이다.

유튜브를 검색하면 버니스 베이츠Bernice Bates의 영상을 볼 수 있다. 플로리다 주에 사는 그녀는 2011년 당시 91세로 세계에서 가장 나이 많은 요가 선생님으로 기네스에 올랐다.[05] 쉰 살이 다 되어 요가를 시작한 그녀는 건강에 문제는커녕 자신과 비슷한 연령의 학생들을 대상으로 실버타운에서 매주 한 번씩 요가를 가르쳤다. 그녀는 열렬한 원예 애호가로, 매주 교회에 출석하고 수영을 하며, 자신이 좋아하는 템파베이 레이스 야구팀에 대해 열정적으로 이야기를 나눴다. 심지어 80대 후반에 볼륨댄스를 배워 한참 젊은 남성 파트너와 춤을 추기도 했다. 이렇게 그녀는 매일매일 성장하면서 자신의 가능성을 확장시켰다. 발견과 진취적인 사고로 가득한 삶이 얼마나 풍성한지 보여주는 사례다.

위험 유전자를 갖고 있든 아니든 좋은 의미의 위험 감수가 주는 가치는 확실하다. 연구 결과에 따르면 행복을 얻는 데 있어 어느 정도의 불편은 필요하다. 처음에는 귀찮고 익숙하지 않겠지만 나중에 최고의 순간을 맛보기 위해서는 어느 정도의 불편은 감수해야 한다는 것이다. 심리학자 로베르트 비스바스-디너Robert Biswas-Diener와 토드 카쉬댄Todd Kashdan은 이렇게 말한다.

"진정으로 행복한 사람들은 지속적인 행복이 비단 자신이 좋아하는 일만 하는 것이 아니라는 사실을 직관적으로 이해하는 것 같다. 또한 지속적으로 행복하려면 안전지대의 경계를 넘어가는 모험과 성장이 필요하다."[06]

위험할 정도의 큰 비약을 해야 한다는 뜻이 아니다. 우리는 위험을 감수하는 습관을 개발할 수 있으며, 그것이 주는 유익을 맛보고 활동 범위를 조금씩 넓힐 수 있다. 레스토랑에 가서 새로운 메뉴에 도전하고, 오랜 친구나 소원해진 친구를 만나 대화를 하는 것도 방법이다. 자주 읽는 장르가 아닌 분야를 아이와 함께 읽어도 된다. 10분간 조용히 명상을 하거나 새로운 언어를 배워도 좋다. 기회가 된다면 수도사에게 '소명'에 대해 물어보라. 작은 시작을 통해 당신은 위험, 즉 익숙하지 않은 것이 당신의 친구이자 스승이라는 사실을 깨닫게 될 것이다.

사회평론가 스터드 터켈Studs Terkel이 90세가 넘은 사람들에게 무엇을 후회하는지 물었다. 가장 많이 나온 대답 중 하나가 위험을 충분히 감수하지 않았다는 것이었다. 그들은 안전하게 행동하느라 멋진 경험을 하지 못했다고 답했다.[07]

위험을 감수하면서 새로운 방향을 계획할 때 우리는 다양한 감정을 경험할 수 있다. 언젠가 나의 장남 라이가 자신의 힌두교 스승인 니사르가닷따 마하라지Nisargadatta Maharaj가 이러한 내적 투쟁을 하고 있을 때 언급한 내용을 나에게 보내주었다.

"공허감과 소외감을 느끼는 순간이 있다. 그런 순간은 바람직하다. 그것은 영혼이 계류용 밧줄을 걷고 먼 곳을 향해 떠나고 있다는 것을 뜻하기 때문이다. 옛것이 끝났지만 새것은 아직 오지 않았다. 두려워한다면 그 상태가 고통스러울 것이다. 하지만 조금도 두려워할 것이 없다."

그렇다. 위험을 감수하는 일은 두렵지만 우리는 이를 통해 깊은 만족감을 느끼며, 이것이 정기적으로 반복될 때 위험을 감수하는 능력이 강화된다.

나에게 예수는 매력적인 인물이다. 그는 비유를 이용해 자신의 가르침을 전했다. 그의 비유는 들을 준비가 된 사람에게는 중요한 진리를 보여주지만 그의 특별한 가르침을 받아들일 준비가 되지 않은 사람에게는 그의 통찰이 드러나지 않도록 고안되었다. 그의 달란트 비유는 위험에 대한 흥미로운 사례다.[08]

고대 유대 사회에서 달란트는 화폐 단위였다. 그것도 액수가 매우 큰 화폐로, 군인 한 사람이 운반할 수 있는 40킬로그램 내외의 금이 가진 무게였다. 이야기를 보자.

한 사업가가 한동안 외국에 머물게 되었다. 떠나기 전 그는 세 명의 하인을 불러 각각 5달란트, 2달란트, 1달란트를 건네며 말했다.

"내가 돌아왔을 때 각각 내가 너희에게 맡긴 돈을 어떻게 관리했는지 보고하라."

순식간에 일 년이 흘렀고, 주인은 하인들을 불러 자신이 준 달란트를 어떻게 관리했는지 물었다. 5달란트를 받은 첫 번째 하인은 주인이 준 돈으로 투자를 했다. 어떤 사업을 해도 위험을 피할 수는 없다는 생각에 위험을 최소화할 목적으로 여러 개의 업종에 분산 투자를 했다. 2달란트를 받은 두 번째 하인도 역시나 투자를 통해 달란트를 불렸다. 하지만 세 번째 하인은 원래 받은 1달란트를 더 불리지 않고 그대로 갖고 있었다. 결과는 어떻게 되었을까? 주인은 격노하며 세 번째 하인을 내쫓았다.

투자자로서 나는 오랫동안 이 이야기를 곰곰이 생각했다. 시장이 불안정할 때 투자 대신 원금을 보유함으로써 현금 유동성을 확보하는 것은 나쁜 선택이 아니다. 그리고 이 비유는 하나님의 본질적 특성을 보여주기 위한 것이 아니다. 주인의 행동 역시 전능하신 하나님을 돋보이게 하는 모습도 아니다. 그렇다면 하나님은 왜 주인의 소중한 재산을 투자하는 문제에 주의 깊고 신중하게 접근한 세 번째 하인에게 격노했을까?

그러던 중 깨달음을 얻었다. 세 번째 하인은 주인에게 너무 두려워 돈을 은행에 맡기지 못했다고 말했다. 그 대신 그 돈을 땅에 묻어두었다. 문제는 두려움이었다. 주인의 분노는 투자 수익률 때문이 아니었다. 그가 격노한 이유는 하인이 두려움 때문에 아무것도 하지 못했다는 것, 결단력과 용기를 발휘해 행동하지 못했다는 사실에 있었다. 나는 그 하인이 파산한 바이오테크 회사에 돈을 투자했다면, 주인은 비록 하인이 위험을 제대로 평가하지 못했을지언정 나름대로 예측한 위험을 받아들였을 것이라고 믿는다.

애덤 그랜트는 강한 문화를 가진 기업들은 어떤 차원에서는 매력적이지만 의도하지 않은 위험성도 갖고 있다고 주장한다. 그런 기업들은 의욕 넘치고 유능한 사람들에게 무척 매력적인 곳이다. 문제는 기업 문화가 성숙하면서 점점 더 고착화된다는 데 있다. 그 결과 기업은 관성과 침체에 빠지고, 혁신과 위험 감수의 가능성은 낮아진다. 압도적일 정도로 강력한 기업 문화는 안타깝게도 사고의 다양성과 풍부한 상상력에 기초한 위험 감수 의지를 몰아낸다. 이렇게 되면 기업들은 이전에 경험했던 성장과 번영을 더 이상 이뤄내지 못하고, 결국 많은 것을 잃게 된다.[09]

때로 우리가 본능을 믿고 위험을 감수할 때 놀라운 결과가 일어난다. 내가 백악관 보좌관으로 일할 때 초당파주의와 타협은 좋은 것으로 여겨졌고, 그래서 정당의 기본 방침을 넘나드는 것은 이상한 일이 아니었다. 1985년, 나는 당시 민주당 소속 연방 하원의원이었던 빌 넬슨Bill Nelson과 함께 에티오피아 북부 지역으로 보내는 곡물을 실은 민간 화물 비행기에 탔다. 극심한 기근에 시달리고 있는 에티오피아에 원조품을 전하러 가는 일이었다. 수십 만 명에 이르는 국민이 죽어가고 있었지만 마르크스주의 정부는 기근이 발생했다는 사실을 공식적으로 부인했다. 그러는 동안 에티오피아 정부는 외국에서 보내온 원조 물품을 굶주리는 사람들에게 먹이는 대신 몰수하여 암시장에 내다 팔았다. 위험한 여행이었지만 마땅히 해야 할 일이었다.

우리는 우리가 가져간 물품이 암시장에서 엉뚱한 사람들 손에 들어가는 것을 원치 않았다. 그래서 신뢰할 만한 비정부 단체를 찾아 직접 전달하려고 했다. 원조품을 조금이라도 더 싣기 위해 좌석을 모두 빼고 곡물 포대 위에서 잠을 자며 19시간을 날아갔다.

비행 끝에 목적지에 도착했고, 굶주림에서 벗어나기 위해 말없이 식량을 기다리는 수많은 사람들의 눈과 마주했다. 말라버린 공터는 무척 고요했다. 사람들은 굶주린 나머지 울 기운조차 없는 듯했다. 결코 잊지 못할 기괴한 경험이었다.

구호 일꾼들에게 갈색 포대를 나눠주고, 나는 '미친' 마음으로 넬슨 의원에게 말했다.

"빌, 여기까지 왔으니 수도인 아디스아바바로 가서 외무장관을 만나 이 끔찍한 상황에 대해 이야기를 나누어보죠. 그렇게 합시다!"

우리는 무작정 아디스아바바로 떠났다. 그리고 몇 시간에 걸쳐 외무장관을 만났다. 마주앉은 지 얼마 되지 않아 그는 우리에게 마르크스주의의 변증법적 유물론이 가진 장점에 대해 늘어놓았다. 정말 재미있군! 아니다, 이 얼마나 터무니없는 소린가.

더는 참을 수 없었다. 나는 유다의 사자 문장이 새겨져 있는 에티오피아제 금반지를 뺐다. 십여 년 전 에티오피아를 처음 방문했을 때 얻은 반지였다. 그러고는 외무장관에게 나의 반지를 보고 국가의 상징이 동료 마르크스주의자에 의해 어떻게 바뀌었는지 말해 달라고 했다. 그는 가만히 반지를 바라보더니 신이나 초월자에 대한 모든 관점은 정부의 이데올로기와 양립할 수 없기 때문에 정부가 사자의 머리에 있는 십자가를 제거했다고 설명했다.

그 말에 나는 그 결정이 에티오피아의 붕괴와 고통의 핵심이라고 맞받아쳤다. 장관의 표정이 나빠졌고, 만남은 그렇게 끝이 났다.

그렇게 워싱턴에 돌아온 지 2주가 지나지 않았을 무렵, 나는 국무부에서 전화 한 통을 받았다. 에티오피아의 외무장관이 망명하여 미국으로 오고 있다는 소식이었다. 우리가 나눈 대화가 영향을 미친 것이다. 에티오피아 여행은 위험과 불편을 감수할 가치가 충분히 있었다.

우디 앨런이 이런 말을 했다.

"대부분의 삶은 그저 등장하는 것이다." 얼마나 진실한 말인가.

신앙은 위험에 대한 중요한 교훈을 보여줄 수 있다. 하나님과 신앙에 관해 우리가 마음속에 갖고 있는 몇 가지 이미지를 고려할 때 우리가 신앙과 위험 감수를 직접적으로 일치시키지 않는 것은 충분히 이

해가 된다. 하지만 정확히 말하면, 신앙과 위험 감수는 밀접한 관련이 있다. 신앙은 일종의 인식법이다. 신앙은 맹목적인 것이 아니라 우리가 가진 다른 감각들의 연장이다. 철학자와 신학자들은 이런 학문 분야를 인식론이라고 부른다.

신앙은 위험을 내포한다. 다섯 가지 감각만으로 인식할 수 없는 것이 존재한다는 것을 믿기 때문이다. 그런 면에서 신앙은 인식의 또 다른 방법이다.

위험을 감수하는 신앙은 그다지 안전하지 않다. 그런데 때로 신앙은 우리에게 미지의 장소로 모험을 떠나라고 재촉한다. C.S. 루이스는 《나니아 연대기》에서 아이의 눈높이에 맞춰 신앙의 여정에 대한 이야기를 들려준다. 당신은 사자 아슬란이 하나님의 전형이라는 사실을 기억할 것이다. 그는 선을 지키고 악에 맞선다. 루시가 아슬란의 진짜 정체를 이해하려고 할 때 그녀는 비버에게 그가 안전한지 묻는다. 그 말에 비버가 이렇게 대답한다.

"안전하냐고? 비버 부인이 너에게 한 말을 들었잖아. 누가 안전하다고 말했니? 그는 안전하지 않아. 하지만 그는 선해, 그는 왕이야. 정말이야."

나는 하나님이 좋은 의미에서 위험하다고 믿는다. 우리가 하나님과 동반자 관계를 맺는다면 하나님은 우리를 상상할 수 없는 곳으로 데려가 상상하기 힘든 일을 하게 만들 것이다. 하나님을 따르는 것은 위험하다. 예수의 제자들에게 물어보라. 그들은 모두 위험한 하나님을 따르다가 종말을 맞이했다. 그럼에도 대부분의 신앙인들은 하나님이 선하시며 위험을 감수할 가치가 충분하다고 말한다.

대담한 행동을 취한다고 해서 반드시 성공이 보장되는 것은 아니다. 하지만 편안한 일상과 기존의 규범에서 벗어나 상상력을 발휘하여 위험을 무릅쓰고 다른 무언가를 시도하지 않는다면 어디에도 도달하지 못할 것이다. 나의 누이 샌드라는 칼럼니스트이자 〈보그 패턴〉 지의 수석 디자이너다.

어느 날 그녀는 기회를 발견했다. 일본의 유명 디자이너인 이세이 미야케Issey Miyake가 콜렉션을 위해 샌프란시스코로 온다는 소식을 들은 것이다. 미야케는 인터뷰를 허락한 적이 거의 없다. 샌드라는 인터뷰를 원했고, 그러려면 그의 관심을 끌 무언가가 필요했다. 아이디어는 있었지만 대담한 행동이 필요했다.

샌드라는 〈보그〉 지로부터 미야케의 콜렉션에 관한 비공개 시사회 자료를 얻었다. 그러고는 그의 작품 중 한 벌을 정확하게 본 뜬 복제품을 만들어 입고 패션쇼에 갔다. 그녀가 방에 들어서자 미야케는 깜짝 놀라는 표정이었다. 그는 매력적인 사람들 속에 서 있는 아름다운 여성에게 향했고, 둘은 계속 이야기를 나누었다. 그는 그녀에게 도쿄에 방문해 달라는 요청과 함께 〈스레드〉 지에 실릴 인터뷰에도 응했다.

샌드라는 미지의 것을 기꺼이 받아들여 기회를 잡았고, 그녀가 감수한 위험은 충분한 보상을 받았다.

진 케이스Jean Case는 내가 좋아하는 여러 친구 중 한 명이다. 내셔널 지오그래픽 협회의 이사회 의장 겸 케이스 재단의 최고경영자인 그는 재단의 15년 역사를 돌아보며 이렇게 말했다.

"지난 세월을 돌아보면, 두려워하지 않을 때 가장 큰 성공을 거두었고, 두려움과 조심스러운 태도가 의사 결정의 주요 요인이 될 때 가장 성과가 낮았다는 사실을 발견했습니다."[10]

인생을 돌아볼 때 이 말은 나에게도 사실이었다. 그러면서 케이스는 위험을 감수하기 위한 다섯 가지 기본 요소를 밝혔다. 만약 두려움 없는 위험 감수자가 되고 싶다면 이 다섯 가지를 명심하라.

1. 과감하게 도전하여 역사에 남을 일을 하라.
2. 용기를 내어 위험을 받아들여라.
3. 실패를 중요하게 여겨라.
4. 당신의 계획을 뛰어넘어라.
5. 절박함으로 두려움을 물리쳐라.

그렇다면 위험 감수는 좋은 것일까, 나쁜 것일까? 모든 위험이 좋은 것은 아니지만 그렇다고 나쁜 것도 아니다. 이것은 자신의 위험 수용력에 따라 판단해야 할 부분이다. 사람마다 의견이 다르겠지만 나는 우리가 익숙한 것을 떠나 앞에 놓인 경계선으로 나아가는 결단력 있는 행동을 통해 성장하고 유익을 얻는다고 확신한다.

두려움에 사로잡힌 삶은 의미가 없다. 위험을 감수하고 미지의 세계로 나아갈 때 생기는 불편함은 우리가 그 경험에서 자신감을 얻은 뒤 더 큰 행복을 가져다준다. 우리는 나아감으로써 자신이 더 유능하며 삶이 생각하는 것보다 덜 위험하다는 사실을 이해한다.

듣지도, 보지도 못하지만 놀라울 정도로 용감했던 헬렌 켈러는 이렇게 말했다.

"삶은 대담한 모험이든지 아무것도 아니든지 둘 중 하나다."

미국 시인 에드거 리 매스터스Edgar Lee Masters의 《스푼 리버 선집》에 실린 〈조지 그레이〉라는 시는 모험에 나서는 자의 위험에 대한 두 가지 감정을 잘 보여준다.

나는 오랜 동안 숙고했지
나를 위해 조각된 묘비명을 ─
돛을 접은 채 항구에 쉬고 있는 배
사실 그건 나의 목적지가 아니라 나의 삶을 보여주는 거라네.
사랑이 다가왔지만 나는 사랑의 환상이 깨질까봐 피했지.
슬픔이 문을 두드렸을 때 나는 겁을 먹었지.
야망이 불렀을 때 나는 위험을 두려워했네.
하지만 내내 인생의 의미에 목말랐었지.
이제는 안다네.
돛을 펼치고 운명의 바람을 타야 한다는 것을
그 바람이 배를 어디로 몰아가든.

삶의 의미를 찾는 일이 광기로 끝날 수 있지만

의미 없는 삶은 끝없는 동요와 막연한 갈망으로 점철된 고문

바다를 동경하면서도 두려워하는 배와 같다네.

작은 위험을 감수하면 두려움을 이겨내고, 세계를 확장하고, 참된 의미와 목적으로 가득한 삶을 살 수 있다. 너무 오래 생각하지 마라. 당신이 처음 다이빙 보드에서 점프했던 순간을 떠올려 보라. 첫 다이빙은 무서웠지만 자신감을 북돋워주었다. 다시 그렇게 해보자!

위험을 기꺼이
수용할 수 있는가?

지금부터 20년 뒤
당신은 당신이 한 일보다는
하지 않은 일 때문에 더 많이 실망할 것이다.
그러니 돛을 맨 밧줄을 풀고
안전한 항구에서 떠나 무역풍을 타고 항해하라.
탐험하라. 꿈꾸라. 발견하라.
— 작가 H. 잭슨 브라운 주니어

일기를 쓸 때 다음 질문과 활동을 깊이 생각해보라.

• 당신은 위험 감수를 긍정적으로 생각하는가, 아니면 부정적으로 생각하는가?
  그 이유는?

• 당신은 어떤 위험 감수자를 존경하는가? 그 이유는?

• 당신의 위험 감수 점수는 몇 점인가? 완전히 위험을 회피하는 사람이라면 1점,
  위험을 온전히 받아들이는 사람이라면 5점이다.

- 당신의 가족은 위험에 대해 어떻게 생각하도록 당신을 양육했는가? 그런 양육 방식이 현재의 당신에게 어떤 영향을 미쳤는가?

- 가족이 당신에게 주입한 특별한 두려움은 무엇인가?

- 당신은 어렸을 때 구체적으로 어떤 위험을 감수했는가? 어떤 느낌이었는가?

- 당신 삶의 질을 높이려면 어떤 변화가 필요할까? 왜 당신은 그렇게 하지 못하는가?

- 당신의 안전지대 밖에 있었지만 당신의 삶에 유익했던 3가지 일을 적어보라. 그 실행 과정을 숙고해보고, 그것이 어떤 느낌이었는지 되돌아보라.

- 앞으로 일주일 동안 3가지 작은 위험을 감수하고 그 경험을 되돌아보라.

- 당신이 경험했던 좋은 위험과 나쁜 위험을 말해보라. 각각의 결과는 무엇이었는가?

- 당신은 안절부절 못하는 사람을 아는가? 당신은 안절부절 못한 적이 있는가? 이런 경험은 당신에게 어떤 영향을 미쳤는가?

- 무엇이 당신이 알고 있는 행동 지침을 실행하지 못하게 가로막는가?

Rethinking Success

✕

더 나은 삶을 살기 위해 노력하는가?

나는 축복받았다고 느낀다.

많은 사람들이 찾고 찾았지만

마음을 불태우고 의미와 기쁨으로 삶을 가득 채울

자신의 열정과 소명, 사명을 발견하지 못했다.

— 미국 와인업계의 일인자 로버트 몬다비Rovert Mondavi

중요한 문제는

어떤 학생이 '과학도나 공학도' 또는

'인문학도나 사회과학도'가 될 것이냐가 아니다.

결정적인 문제는

급변하는 세상에서 혁신을 이뤄내고 이를 이끌

다양한 기술과 지식이 필요하다는 것이다.

— 미시건대학 총장 마리 수 콜먼Mary Sue Coleman, 스탠퍼드대학 총장 존 헤네시John L. Hennessy

우리의 부모 세대는 자신의 직업을 목적에 대한 수단으로 여겼다. 당시에는 직업이 월급 이상이 될 수 있다고 생각하지 않았다. 그들에게 열정을 쫓는다는 현대적 개념은 무척 생소한 것이었다. 당시 사람들은 직업이 특별한 목적, 즉 가족에게 먹을 것과 쉼터, 의복을 제공하기 위한 것이라고 믿었다. 결코 직업이 그들을 신나게 만들거나 더 나은 삶을 추구하게 만드는 것이라 생각하지 않았다.

이처럼 순수한 노동에 대한 확고한 헌신은 아마도 두려움에 기초했을 것이다. 그들에게는 그저 직업이 필요했을 뿐 더 이상의 의미는 없었다. 부양의 수단으로 직업을 보는 것은 나쁜 일이 아니다. 하지만 두 세계, 즉 삶과 일이 어긋나면 상황이 달라진다. 나는 노동의 더 큰 목적을 이해하지 못한다면 우리의 큰 부분이 사라진다고 믿는다.

나는 우리가 온전히 연결되고 통합적인 삶을 사는 것을 목표로 삼아야 한다고 생각한다. 여기에는 일, 여가, 가족, 봉사를 비롯한 우리의 모든 생활이 포함되어야 한다. 물론 이것은 매우 이상적인 생각이다. 하지만 추구할 만한 가치가 있는 일이다.

우리 삶의 각 부분은 의미와 목적을 일깨우고 표현한다. 실제로 우리 삶의 어떤 부분도 다른 부분과 분리되어 있지 않다. 모든 부분이 중요하고, 우리의 정체성을 구성한다. 물론 각 부분을 보호하기 위해 삶의 영역 주변으로 건강한 경계선을 갖는 것이 좋다. 하지만 이것이 우리가 각 영역에서 다른 정체성을 갖는다는 의미는 아니다.

연결성의 관점에서 우리가 사는 시대를 숙고하면 매우 흥미롭다. 우리는 지금 전 지구적으로 연결된 세계를 받아들이고 있다. 그러는 한편으론 부족주의와 사적 이익을 추구하는 공동체가 증가하고 있다. 국제통화기금의 크리스틴 라가르드Christine Lagarde 총재는 "위험할 정도로 급격한 통합과 상호 연결성이 우리 시대를 규정한다."라고 했다.[01]

타당한 견해지만 반대 의견도 옳다. 작가 질리안 테트Gillian Tett는 자신의 저서 《사일로 효과》에서 이런 현상을 이렇게 묘사했다.

세계가 점점 하나의 시스템으로 상호 연결되고 있지만 우리의 삶은 여전히 파편화되어 있다. 많은 거대 기업들이 나뉘고, 이어서 다시 수많은 다른 부서로 나뉜다. 각 부서는 협업은 고사하고 서로 대화를 나누지도 못한다. 사람들은 종종 정신적으로, 사회적으로 분리된 '게토'에서 살며, 자신과 비슷한 사람들과만 말하고 함께 어울린다. 많은 국가의 정치가 양극화 되어 있다. 직업은 점차 전문화되어 가는데, 그 이유 중 하나는 기술이 계속 더 복잡하고 정교해지고, 소수의 전문가만이 이해할 수 있기 때문이다.

이런 파편화를 묘사하는 용어는 많다. 사람들은 '게토', '들통', '부족', '박스', '난로연통'과 같은 단어를 사용한다. 하지만 내가 찾은 유용한 비유 는 '사일로silo'다.[02]

그렇다면 어느 쪽이 옳을까? 나는 두 입장 모두 타당하고 입증 가능 하다고 생각한다.

오늘날 젊은이들은 그들의 부모가 상상했음직한 선택지를 거의 갖 고 있지 않다. 요즘 사람들은 일의 의미에 대해 깊이 생각한다. 연구자 들의 보고에 따르면, 밀레니얼 세대는 더 많은 연봉보다 목적과 의미 를 추구할 수 있는 직장을 선택한다.[03]

이것은 중요한 변화다. 내가 볼 때 이러한 변화는 오래 전에 이루어 졌어야 한다. 하지만 모든 변화가 그렇듯 여기에는 새로운 문제가 대 두된다. 오늘날 많은 젊은이들은 일의 중심은 열정이며, 자신이 좋아 하는 것을 하는 것이라고 믿는다.

미국의 사회주의 언론지〈자코뱅〉의 객원 편집자이자《열정 절벽》 의 저자인 미야 토쿠미추Miya Tokumitsu는 글을 통해 자신이 좋아하는 일에 대한 오늘날의 강박에 이의를 제기하면서 이런 강박이 자신의 목적에 기초하지 않는 일을 폄하한다고 주장했다.[04]

미네소타주 노스필드에 있는 세인트올라프 칼리지의 철학 교수인 고든 마리노Gordon Marino는 여기서 한 발 더 나아간다. 〈뉴욕타임스〉가 운영하는 철학자들을 위한 포럼인 스톤Stones에서 그는 열정으로서의 일 모델이 "일 자체에 고유한 가치가 있다는 생각을 무시하며, 더 중요하게는 일과 재능, 의무 사이의 전통적인 관련성을 단절시킨다."라고 말했다."05

일의 가치는 일하는 사람의 열정을 충족시키는 것에 한정되지 않는다. 전체론적으로 접근할 때 일의 가치를 더 많이 발견할 수 있다. 우리의 과제는 비록 일이 어렵다 해도 대담하게 일에 목적이 있다고 생각하는 것이다.

나는 일과 삶에 관한 이야기를 할 때 '균형 있는'보다 '통합적인'이라는 용어에 집중한다. 솔직히 나는 탁월한 성과를 이룬 사람들이 지금껏 균형 있는 삶을 살았다고 믿지 않는다. 내가 그런 예다. 백악관 보좌관으로 일할 당시 나는 많은 연봉을 받았지만 노동 강도는 무척 셌고, 근무 시간도 매우 길었다. 다행히 근무 만기일이 정해져 있었기에 지독한 노동 강도를 견딜 수 있었다.

당신에게 직업이 어떤 의미든 간에 그 직업과 잘 지낼 수 있는 철학을 갖는 것이 중요하다. 일이라는 건 대체로 힘든 것이지만 그것이 요점은 아니다. 우리는 일을 통해 기여하고, 그 기여에 대한 대가를 받기 위해 일한다.

통합적인 삶을 살기 위해서는 우리가 왜 일하는지를 유념할 필요가 있다. 일에 의미를 부여하기 위해 우리에게 필요한 것은 일에 대해 전체론적인 시각을 갖는 것이다.

중세 시대 한 순례자가 샤르트르 대성당에서 일하는 두 명의 석공과 나눈 이야기가 있다. 무엇을 하고 있느냐는 질문에 첫 번째 석공은 흥미 없다는 듯 이렇게 말했다.

"매일 벽돌을 쌓는 일이죠. 지겨운 고역입니다."

하지만 두 번째 석공의 대답은 달랐다.

"나는 하나님의 영광을 기리는 기념물을 만들고 있습니다."

갤럽의 여론조사 결과에 따르면 전 세계 근로자의 13퍼센트만이 두 번째 석공과 같은 태도로 일하고 있다.[06] 두 석공은 똑같은 일을 하고 있지만 한 사람만이 자신의 노동에 대한 고상한 비전, 곧 그에게 활기를 주고 힘든 일에 목적을 부여하고 있다.

최초의 우주선 발사를 위해 케이프커내버럴에 도착한 케네디 대통령이 항공우주국 직원에게 그가 맡은 일에 대해 물었다.

"나는 사람을 달에 보내는 일을 하고 있습니다."

직원은 자랑스러운 표정으로 이렇게 대답했다. 잠시 후 대통령은 그 직원이 수위라는 사실을 알았다.

삶의 경험이 연속적이고 전체적일 때, 즉 몸과 정신과 영혼이 균형을 이룰 때 우리는 최고의 삶을 살 수 있다. 파블로 피카소가 말했다. "중요한 것은 예술가가 하는 일이 아니라 그의 존재 자체다."

그에게 있어 자신이 한 일은 곧 그의 존재 자체였고, 그 반대도 마찬

가지였다. 일과 삶에 관해 이러한 접근보다 더 나은 것이 있을까?

하지만 우리는 최선을 다해 일과 삶을 분리하고 의욕을 꺾어버리는 세상에 살고 있다. 일터에서 의미를 찾지 말고 일과 삶을 분리하라는 압력 아닌 압박을 받고 있는 중이다. 그 결과, 일을 내가 가진 재능을 표현할 기회가 아닌 수단으로 생각하는 상황이 되었다.

일과 삶에 대한 이런 분리는 꽤 오래된 얘기다. 산업혁명은 기계화와 분업을 새로운 경지로 끌어올리면서 사람들을 목적을 위한 수단, 곧 상품으로 보게 만들었다. 이전에도 마찬가지였다. 수세기 동안 지배자들은 노예들의 노동을 착취하여 기념물과 문명을 건설했다.

이런 중에도 통합적인 삶을 이상으로 삼은 사람들이 있다. 그리스 철학은 몸과 정신을 구별했지만 실제적으로는 이 요소를 통합하는 것이 중요하다고 보았다. 예를 들어, 그리스인들은 운동을 좋은 삶의 필수 요소로 보았다. 그들은 사업을 하거나 누군가를 가르치거나 무역을 하면서도 꾸준히 몸을 단련하며 하루를 보냈다.

신학적으로 히브리인들은 신체를 포함한 모든 것이 신성하며 선하다고 보았다. 〈창세기〉를 보면 6일 동안 연속된 창조의 날 마지막에는 매번 이렇게 쓰여 있다. "하나님이 보시기에 좋았더라."[07]

기독교인들은 이 사상을 더 확장하여 하나님이 예수라는 인간의 모습으로 나타난 성육신을 찬양한다. 성육신은 모든 인간을 선하고 소중한 존재로 높여준다. 최근 신학계는 몸을 악하고 죄가 있는 것으로 폄하하는 대신 몸과 성이 본래 선한 것으로 여겨졌고 우리의 즐거움과 기쁨을 위해 만들어졌다고 말한다. 이런 사고방식에서는 모든 것이 적절하게 조화를 이룬다.

하지만 슬프게도, 종교계를 비롯한 많은 분야에 아직 분리 모형이 깊이 뿌리박혀 있다. 삶의 모든 영역을 좋은 모험으로 보지 않고 특정 부분에 부정적인 의미를 부여하는 것은 불행한 결과를 초래한다.

스터드 터켈은 자신의 책《일》에서 사람들의 직업에 대해 나눈 인터뷰를 정리했다. 그중 하나가 유독 나의 눈길을 끌었다.

노라 왓슨은 젊고 열정적인 교사다. 그녀는 교사로서 학생들이 올바른 정신과 마음을 형성하기를 바랐다. 하지만 그런 그녀와 달리 동료들은 자신의 일에 별다른 의미를 느끼지 못하고 있다는 사실을 알았다. 왓슨은 열정적인 교사가 되려고 노력하는 것 때문에 자신이 부당한 대접을 받고 따돌림을 당하는 것 같다는 생각이 들었다. 결국 길은 하나밖에 없다고 판단했다. 그녀는 동료 교사들처럼 열정을 버리고 수업에 임했다. 그때부터 그녀는 승진을 하기 시작했다. 인터뷰를 하면서 그녀는 한탄하듯 이렇게 말했다.

"내가 매춘을 하는 사람처럼 느껴져요. 이건 내 방식이 아닙니다."

그녀는 많은 것을 소망했지만 자신의 일에 모든 것을 쏟겠다는 그녀의 바람이 존중받지 못한다는 사실을 깨달았다. 그녀는 마지막 말을 통해 많은 사람이 공감할 수 있는 갈망을 표현했다.

"나에게 큰 의미가 있는 일을 성공적으로 감당하는 것보다 더 즐거운 것은 없습니다."[08]

막힌 벽을 떠나 넓은 곳으로 가다 —

직관적으로 우리는 삶과 생계 활동이 일치하고 통합되길 바란다. 하지만 이것이 무슨 의미인지, 어떻게 그럴 수 있는지에 대한 성찰은 거의 하지 않는다. 다행히 금융, 기업, 과학기술 분야에 등장한 새로운 모델은 이익보다 사람을 더 소중하게 여기는 통합적인 사업 모델을 만들고 있다. 2018년 7-8월호 〈하버드 비즈니스 리뷰〉 지의 커버 제목은 "일이 의미를 가질 때"였다. 글을 쓴 로버트 E. 퀸Robert E. Quinn과 앤전 V. 태커Anjan V. Thakor는 이렇게 말했다.

"더 높은 목적은 경제적 거래에 관한 것이 아니다. 그것은 더 큰 열망을 반영하며, 조직에 속한 사람들이 변화를 만들어내고, 의미를 부여하고, 그들의 지지를 끌어내는 방법을 설명한다."[09]

우리는 다양한 형태로 일에 목적을 부여할 수 있다. 구글은 직원들에게 자신의 프로젝트에 집중하도록 정기 휴가를 주고 창의적 표현을 위한 공간을 제공한다. 그에 따른 이익은 두 가지다. 먼저 직원은 영감과 자율성을 얻는다. 그리고 회사는 새로운 아이디어가 태어나는 공간이 되고, 궁극적으로 그것을 회사의 핵심적인 생태계로 통합할 수 있다. 젊은 직원일수록 이렇게 새로이 조성된 직장 문화에 참여하길 원한다. 여기서는 일과 삶이 단절 없이 노동이라는 경험의 일부가 된다.

연구에 따르면, 밀레니얼 세대의 71퍼센트가 대기업의 CEO가 되어 자신의 지위를 적극적으로 활용하고 싶다고 밝혔다. 이에 비해 베이비부머 세대는 46퍼센트만이 그렇게 대답했다. 밀레니얼 세대는 기업 지도자들이 중요한 당면 과제에 대해 정직하게 말할 책임이 있다고 믿는다. CEO와 다른 지도자들은 플랫폼을 갖고 있으며, 그것을 사용해야 한다.[10]

스타벅스의 설립자 하워드 슐츠Howard Schultz는 이런 지도자의 모습을 전형적으로 보여준다. 그는 말한다.

"우리는 이제 거의 매일 이러저런 사건이 우리의 생활방식, 사고방식, 불안, 신뢰 상실, 자신감 상실, 양극화, 기능 장애에 영향을 미치는 세상에 살고 있습니다. 어떻게 현재 진행되는 일을 무시할 수 있겠습니까? 스타벅스에는 35만 명이 일하고 있습니다. 그들은 기업으로서 스타벅스가 지향하는 가치와 핵심적인 목적, 존재 이유에 대한 견해를 갖기를 기대합니다."[11]

의식적이든 그렇지 않든 대부분의 사람들은 목적이 있는 기업의 일원이 되고 싶어 한다. 기술 혁신과 전략적인 마케팅으로 캘리포니아의 포도주를 세계적으로 인지시킨 로버트 몬다비Robert Mondavi는 수십 년 전에 이 개념을 직관적으로 이해했다. 그는 말했다.

"당신이 좋아하는 일을 찾아라. 그러면 평생 하루도 일을 할 필요가 없을 것이다."

물론 우리는 생계를 위해 일이 필요하지만 이제 우리는 일과 생활이 매끄럽게 연결되는 경험을 열망한다. 이익을 넘어 더 큰 선을 옹호하는 기업을 돕는 데 자신의 마음과 재능을 사용할 수 있는 삶을 누가 바라지 않겠는가?

작가 에리카 케스윈Erica Keswin은《당신의 인간성을 직장으로》에서 밀레니얼 세대가 "벽을 벗어나 홀로 들어가는 사명을 갖기 원한다."라고 밝혔다.[12] 목적이 있는 기업에 들어가 자신보다 더 큰 무언가의 일원이 되라는 의미다.

서치펌 업체인 리윕의 공동 설립자 나다니엘 콜록Nathaniel Koloc 역시 경영컨설턴트와 〈포춘〉 지 선정 500개 기업은 전문직을 가진 이들에 대해 같은 말을 한다고 썼다. "그들은 연봉 액수를 보고 일자리를 택하지 않는다. 그들은 가치 있는 사명과 전도유망한 팀을 찾고 있다."[13]

한마디로 목적 지향적인 경영자와 경영진의 과제는 이런 사고방식을 기업 문화에 접목하는 실제적인 방법을 찾는 것이다. 154개국에 20여만 명의 전문가를 두고 회계와 경영컨설팅을 주력으로 하는 다국적 기업 KPMG이 찾은 방법을 보자. KPMG는 역사적으로 '안전한(보수적인)' 의사결정 방식을 채택했다. 하지만 경영진들은 KPMG가 오랫동안 의미 있고 주목할 만한 기여를 해왔고, 그 결과 세계적인 사건을 만들어 왔음을 깨닫고 변화하기 시작했다. 그리고 이런 인식에 기초하여 '자신감을 고취하고 변화에 힘을 실어주는 것'을 기업의 목적으로 해야 한다는 데 의견을 모았다.[14]

KPMG는 '1만 가지 이야기 챌린지'라는 프로그램을 통해 조직 전반에 목적 중심의 사고방식과 행동방식을 도입했다. 모든 직원들이 사용하기 쉬운 디자인 도구를 이용하여 질문에 대답하는 포스터를 만들었다. "당신은 KPMG에서 무슨 일을 합니까?" 이 활동의 목적은 직원들의 열정을 포착하여 기업의 비전과 연결하는 것이었다.

직원들은 〈나는 테러리즘과 싸웁니다〉라는 제목의 포스터에 설명과 함께 한 직원의 사진을 붙였다. 포스터에는 "자신감을 고취하고 변화에 힘을 실어주라."는 기업의 슬로건이 적혀 있었다. 조사에 따르면, 2만7천 명의 직원이 개인적 목적을 기업의 목적과 연결했다. 이것은 단순한 감상을 넘어 직원들이 스스로 중요한 더 큰 무언가의 일부가 되었다는 느낌을 갖게 했다. 그 결과 KPMG는 세계 1위의 회계 기업에 올랐다. 이직률이 감소하고 지원자가 크게 증가한 것은 물론이다.

통합적인 삶의 방식 ―

레오나르도 다빈치는 당대에는 물론 특정 분야에서 시대를 통틀어 가장 위대한 천재로 인정받고 있다. 월터 아이작슨Walter Isaacson은 무엇 때문에 다빈치가 그렇게 두드러지고 특별해졌는지를 깊이 생각했다.[15]

아이작슨은 그 이유 중 하나로 삶의 모든 부분이 어떤 형태로 연결되어 있다는 다빈치의 관점과 관련되어 있다고 말했다. 그는 수학, 공학, 연극, 광학, 지질학, 건축학을 비롯한 다양한 학문을 공부했다. 이 과정에서 얻은 지식과 통찰력이 결합되어 다빈치를 역사상 가장 위대한 예술가이자 창의적인 영혼을 가진 사람으로 만들었다.

지식을 연결하는 그의 독특한 방식은 사상 유례를 찾을 수 없었고, 지금도 그렇다. 모나리자를 그리고 있을 무렵 다빈치는 이탈리아 플로렌스의 산타 마리아 누오바 병원 영안실에서 며칠을 보냈다. 근육과 신경을 더 잘 이해하기 위해 시신의 얼굴에서 살을 벗겨냈다. 아이작슨은 썼다. "그는 미소가 만들어지는 방식에 사로잡혔다."

이 통찰은 다빈치가 모나리자에 나타난 미묘한 미소를 표현하는 데 도움이 되었을 것이다. 그는 독창적인 방식으로 학문과 예술을 통합했다. 이런 수많은 업적에도 불구하고 예술에만 집중하지 않았다는 이유로 그는 일부 사람들에게 비판받기도 했다. 그들은 배움과 세부 내용에 대한 열정적인 욕구 때문에 다빈치의 주의가 분산되었다고 생각했다. 하지만 다빈치는 오늘날의 연구자들이 이제야 이해하게 된 것을 당시에 이미 이해했다.

인간의 위대한 업적은 눈앞에 보이는 것에서 벗어나 여가 활동이나 주의를 돌릴 수 있는 다양한 활동을 통해 생각을 고양할 때 가능하다. 한 예로, 갈릴레오는 성당 제단에 설치된 등이 흔들리는 것을 보고 진자시계와 근대적인 시계의 기초를 놓았다. 역설적이게도 비평가들은 아인슈타인이 바이올린을 연주하는 동안 중요한 연구에 집중하지 못했다고 생각했다. 하지만 위대한 사람들은 생각을 통합적으로 이해하며, 우리 눈에는 비록 '주의가 분산되어' 보일지라도 뇌의 다른 영역 간 연결을 통해 위대한 통찰과 발견을 이뤄낸다.

이제 사람들은 통합적인 접근 방법이 돌파구를 만들어낸다는 사실을 안다. 통합 모델은 미술과 디자인을 비롯한 신경학, 물리학, 음악, 그리고 보건의료 분야로까지 점차 확산되고 있다. 모든 것은 나름의 방식으로 연결된다. 예를 들어 운동은 신체 못지않게 정서적 행복에도 도움을 준다. 운동은 혈압이 상승하는 것을 막아주지만 기억력 약화와 우울증 등을 예방하기도 한다. 매일 꾸준히 걷는 것과 같은 간단한 운동이 인간을 81퍼센트 더 창의적인 사람으로 만든다는 연구 결과도 있다.[16]

우리는 이런 통찰을 사업 분야에 더 많이 적용할 필요가 있다. 몸과 마음, 그리고 정신은 연결되어 있다.

위기는 더 완전하고 통합적인 삶을 위한 자기 성찰의 기회를 제공한다. 이것은 때로 예상치 못한 곳에서 영감을 가져다준다. 윈스턴 처칠은 1차 세계대전 당시 다르다넬스 해전에서 패배한 뒤 해군 장관직에서 해임됐을 때 이런 순간에 직면했다. 그는 우울증에 시달리며 방황했지만 얼마 후 그림을 통해 회복과 표현의 길을 발견했다.

나는 수십 년 전 버지니아의 작은 서점에서 서가를 훑어보다가 처칠에 관한 이런 이야기를 알게 되었다. 나는 그가 쓴 《취미로서의 그림 그리기》라는 작은 책을 골랐다. 이 책에서 처칠은 솔직하게 고백한다. "나는 심한 불안에 시달렸고, 그것에서 벗어날 방법이 없었다. …… 나는 오랜 시간 뜻밖의 취미 생활을 하면서 끔찍한 전쟁이 전개되는 상황을 숙고했다. 나의 온몸이 흥분하여 행동하려는 순간, 잔인하게도 나는 맨 앞자리에 앉아서 비극의 구경꾼으로 머물 수밖에 없었다."[17]

처칠은 그 무렵 굴욕적이게도 공개적으로 해임을 당했고, 그가 '검은 개'라고 부른 일종의 우울증과 오랫동안 싸우고 있었다.

매일 상태가 악화되는 가운데 처칠은 새로운 희망을 가져다줄 무언가를 찾았다. 그는 말한다.

"그 당시 그림의 여신 뮤즈가 나의 구원자가 되었다."

어떤 의미에서 그림은 처칠에게 '재충전'이었다. 그는 새로운 기쁨에 빠져 들끓는 마음을 잠재우고, 덕분에 자기 의심과 비통함, 후회에서 벗어날 수 있었다.

"그림은 머리를 식히는 방편으로 완벽하다. 나는 그림만큼 몸을 지치게 하지 않고 더 완전하게 마음을 빼앗는 것이 있는지 달리 알지 못한다."[18]

나는 그림이 처칠을 구했다고 믿는다. 그림은 그에게 삶과 그 속에서 그의 위치를 이해하는 새로운 길을 제시했다. 덕분에 그는 창의적이고 확고해졌다. 이러한 상태에서 그는 다시 공직을 맡게 되었고, 2차 세계대전에서 나치를 물리치고 서구 문명을 구했다.

통합과 전체성으로 가는 길은 많고 다양하다. 하지만 전체성은《오디세이》에서 오디세우스가 이타카로 귀향하는 긴 여정처럼 우리가 도달하려고 하는 이상적인 목표다. 이타카는 우리가 전체적인 삶에 도달하기 위해 간절히 바라는 궁극적인 목적지다. 앞에서 나는 성공적인 삶의 핵심으로 용서의 힘과 중요성에 초점을 맞췄다.

그런데 용서가 과거에서 벗어나 미래로 나아가고 전체성을 회복하는 데도 역시 중요하다는 사실을 아는가? 아파르트헤이트가 있던 남아공의 어두운 시절에 일어난 한 가지 놀라운 사건은 진실과 화해위원회가 설치되고, 노벨평화상을 받은 데즈먼드 투투 대주교가 의장을 맡은 것이다.

이 위원회의 활동 원칙은 '진리가 너희를 자유롭게 하리라'였다. 인종 차별 시기, 입에 담기 힘들 무지막지한 일을 자행한 사람들이 잘못을 고백하면 용서받고 과거 행위에 대한 형사적 책임을 지지 않을 것이라는 의미였다. 이것은 이전에 비슷한 환경에서 행해진 방침들과는 상당히 달랐다. 그리고 성공적이었다. 수백 명에 달하는 사람들이 자신이 저지른 범죄를 자백하고, 용서받았다. 이는 공포의 역사가 보복의 유혈 사태로 악화되지 않는 것을 넘어 평화를 만들어내는 데 기여했다. 고백과 용서를 통해 그들은 전체성을 발견했다.

이 위원회는 내부 갈등, 억압, 인종 학살의 경험을 극복하는 새로운 길을 개척했다. 투투 대주교는 모든 사람이 은혜와 진정한 해방을 경험하려면 용서가 필요하다고 믿는다면서 이렇게 말했다.

"우리 모두는 깨어 있습니다. 이 깨어 있음 때문에 우리는 다른 사람에게 상처를 줍니다. 용서는 상처를 치유하는 여정입니다. 이렇게 함으로써 우리는 다시 온전해집니다."[19]

용서는 우리를 정신적·정서적·영적·신체적으로 새롭게 한다. 온전해지려면 용서하고 용서받아야 한다.

안전지대에서 벗어나라 —

이제 당신은 내가 한 모든 질문이
다른 사람과 관련 있다는 점을 분명히 이해했을 것이다. 통합적인 삶
을 살려면 반드시 전체적인 그림을 이해해야 한다. 위험에 관한 이전
의 토론은 통합적인 삶을 사는 것과 분명히 관련이 있다. 하지만 위험
을 감수하지 않고는 통합적인 삶을 살 수 없다. 미지의 영역으로 뛰어
드는 것은 쉽지 않지만, 그것은 더 풍성한 삶으로 들어가는 문이다. 처
음 붓을 들었을 때 처칠이 느꼈을 두려움을 상상해보라. 일단 경계를
넘고 위험이 내 친구라는 생각을 하라.

2016년, 나는 몇몇 친구들과 함께 '어둠 속으로'라는 뜻을 가진 한
레스토랑에서 식사를 했다. 영국에 있는 이 레스토랑은 시각 장애인들
이 운영하는 곳으로, 모든 식사는 완전한 어둠 속에서 이루어졌다. 식
사하는 내내 시각장애인 웨이터가 우리를 안내했다. 마치 침묵 피정
같았다.

현실을 바라보는 익숙한 창문을 스스로 거부하는 것은 도전적인 일
이다. 시각이 닫히면 다른 감각들이 더 예민해지고, 주변의 모든 것에
초점을 맞추게 된다. 청각과 촉각은 새로운 방식으로 기민해진다. 이
런 형태의 포기, 즉 시각과 같은 중요한 감각을 거부하는 것에 준비된
사람은 거의 없다. 이것은 일종의 위험이다. 하지만 위험을 무릅쓰면
새로운 통찰이 가능해진다. '어둠 속으로'에서의 저녁은 솔직히 불안
했지만 그날의 경험은 우리에게 '새로운 눈'을 제공했다.

통합적인 삶을 사는 것은 평탄한 과정이 아니다. 특히 힘들 때는 당신을 안내하고 붙들어주는 신앙이나 철학을 갖는 것이 좋다. 대학원생 시절, 조깅을 하며 옥스퍼드대 보들리 도서관을 지나고 있을 때의 일이다. 당시 나는 학위 논문 때문에 조금 힘든 날들을 보내고 있었다. 모퉁이를 돌자 친구인 마가레트 펠라티코가 서 있었다. 나는 속도를 줄여 그녀에게 인사를 건넸다. 인사를 건네긴 했지만 이야기를 나눌 마음은 없었다. 하지만 마가레트의 생각은 나와 달랐는지 나와 진지한 이야기를 하고 싶다는 표정으로 물었다.

"더그, 평화롭고 즐거워 보이네. 조깅 덕분이니?"

나는 작은 소리로 그렇다고 대답했다. 그러곤 계속 달렸다. 그 순간 나의 양심이 끼어들었다. 나는 예수를 세 번 부인한 베드로의 이야기를 떠올렸다. 이런!

나는 방향을 바꾸어 그녀가 가는 쪽으로 다시 뛰어갔다. 그러고는 정면으로 마주서서 조용히 말했다.

"마가레트, 물론 조깅은 평화롭고 즐거운 생활에 도움이 돼. 하지만 나는 그보다 더 중요한 사실을 깨달았어. 나는 지금 논문에 문제가 생겨 기분이 좋지 않아. 내가 회복된 뒤에 같이 토론하는 게 어때?"

그때 나는 조깅이 실제로 마음의 평화에 어느 정도 도움이 됐다고 생각했다. 하지만 그보다 더 중요한 것이 있었다. 신앙은 통합적인 삶을 살려는 내 목표에서 중심 역할을 했다. 즉 내가 가장 어려운 시기에 신앙은 나침판 역할을 해줬다.

우리는 어떤 일을 추구하는 이유를 확실히 알지 못한 채 인생을 살아간다. 그런데 우리가 다양한 목적을 추구하는 것은 주변 사람들과 동료들 때문인가, 아니면 다른 이유 때문인가? 추구해야 할 목적의 근거는 고민하지 않은 채 성과를 내는 데만 집착하고 있는 건 아닌가?

단순히 일을 위해 일하는 것은 내면의 정신을 죽일 수 있다. 미국을 대표하는 진보적 평론지 〈뉴 리퍼블릭〉에 실린 내용 중 가장 많이 읽힌 기사는 전 예일대 영문학 교수인 윌리엄 데레저위츠William Deresiewicz가 쓴 에세이다. 그의 책《공부의 배신》에 실리기도 했던 이 내용은 백 년 전 대학들이 목적이 있는 삶에 초점을 맞추어 젊은 리더들의 인격을 키운 방법을 담고 있다. 하지만 오늘날 이 목적은 바뀌었고, 우리는 이력서에 쓸 한 줄에 집중하는 문화에 살고 있다.[20]

데이비드 브룩스는 〈뉴욕타임스〉에 데레저위츠의 글을 상세히 설명하는 기사를 썼다. 브룩스는 먼저 오늘날의 청년들에 대해 말했다.

"교육 제도는 그들에게 탁월하라고 압박하지만 그들은 단지 탁월한 양일뿐이다."

브룩스는 대학들이 상업성에 완전히 변질되었다고 주장하면서 대학이 출세를 위한 사육장이 되었다고 말한다. "학생들은 이력서 경쟁에서 다음 장애물을 뛰어넘느라 분주해 정작 자신이 무엇을 원하는지 모른다. 그들은 선택지가 차단될까봐 두려워한다. 그들은 출세를 향한 욕망과 사회적 지위가 위태로워질 수 있다는 두려움에 빠져 있다."[21]

미래의 지도자들이 이런 기계적인 방식으로 육성된다고 생각하면 우려스럽다. 나는 데레저위츠와 브룩스가 이 이야기를 교육계의 일부 현상으로만 이해하길 바란다.

나는 내가 가르치는 학생들은 이력서 만들기를 넘어 영향력과 의미를 지닌 통합적인 삶을 살기를 원한다. 의미 없이 명성에만 집착하는 삶이 가져오는 위험을 알기 때문이다. 마하트마 간디는 "수단[직업]이 의미 있는 삶의 끝"이라는 시각을 분명하게 밝혔다.

워싱턴 지역에 기반을 둔 트리니티 포럼은 지도자들이 신앙의 맥락에서 삶에 중요한 질문을 던지도록 돕는 프로그램과 출판물을 제공한다. 몇 년 전 하버드 법대 아서 애플바움Arthur Applbaum 교수의 에세이 《직업적 거리두기》에서 인용한 글이 주의를 끌었다. 애플바움은 프랑스의 공포 통치기(1793-1794), 한 언론인과 사형 집행인 사이의 가상 대화를 제시한다.[22]

언론인은 여러 가지 이유로 사형 집행인을 비열하다고 생각한다. 먼저 그는 생계를 위해 사람의 목을 자른다. 언론인은 사형 집행인과 그의 가족이 4대에 걸쳐 반역자들의 목을 잘랐다는 이유를 들어 그들을 인간쓰레기라고 주장한다. 하지만 사형 집행인의 말도 설득력이 있다. 그는 폭력은 국가에 의해 통제되어야 한다고 주장한다. 그는 자신의 직업을 옹호하면서 그와 그의 가족은 일을 할 때마다 깨끗한 바구니와 날카로운 날을 사용한다고 응수한다. 나아가 자신의 가족은 어떤 정파에도 속하지 않으며, 특정 시기에 프랑스 정부를 이끄는 정파가 어느 쪽이든 상관없이 국가를 위해 일한다고 말한다.

흥미진진하면서도 충격적인 대화다. 사형 집행인은 삶과 자신의 직업을 전체적으로 바라보고 있다. 그렇다면 당신은 어떤 부분에서 선을 긋겠는가? 금융투자자들은 전매청이나 환경을 훼손하는 기업들을 대변해야 할까, 아님 옹호해야 할까? 나는 목적이 있는 참수에 관한 이 주장에서 궁극적으로 누구를 지지해야 할지 모르겠다. 다만 내가 확실히 아는 것은, 만약 우리가 노동자와 직원들이 단순히 월급을 받기 위해 일하는 것이 아니라 진정한 구원의 일부라고 느끼게 하는 새로운 모델을 만들게 하려면 이와 같은 문제를 진지하게 고민해야 한다는 것이다.

나는 영국의 시인 위스턴 휴 오든Wystan Hugh Auden이 천직에 관해 쓴 작품을 좋아한다. 오든은 이 작품을 통해 우리 인생에서 일이 진정한 목적과 의미의 일부여야 함을 잘 포착했다.

어떤 이의 천직을 알기 위해
그가 하고 있는 일을 볼 필요는 없네.
오직 그의 눈을 보게.
양념을 혼합하는 요리사, 일차 절개를 하는 외과의사
선적 목록을 기입하는 사무원,
한결 같이 몰입한 표정을 짓는다네.
그들이 하는 기능은 잊게나,
대상을 보는 눈이 얼마나 아름다운가.[23]

사람들은 목적과 의미를 느끼는 것이 몸과 마음 건강에 유익하다는 데 대체로 동의한다. 의학 전문지 〈랜싯〉에 발표된 한 연구에 따르면[24] 목적을 갖는 것이 우리의 기대 수명을 실제로 높인다고 한다. 이 연구 결과는 삶이 통합된 전체라는 것을 보여주는 증거이며, 진정한 목적을 찾아야 할 필요성을 강조한다.

우리는 이제 모든 것이 연결되어 있다는 것을 이해할 필요가 있다. 이를 위해서는 과학, 기술, 공학, 수학을 체계적으로 융합해 가르치는 STEM 교육을 넘어 최선의 경험과 최악의 경험에서 이끌어낸 도덕적 가르침과 역사적 관점을 제공하는 인문학을 경시해서는 안 된다.

와튼 경영대학의 스튜 프리드먼Stew Friedman 교수는 오늘날의 지도자들이 자신의 역할에 대해 어떻게 생각해야 할지를 알려준다.

"리더십은 단순히 일뿐만 아니라 삶과 관련된다. 새로운 분야에서 성공하려면 리더십과 삶을 같은 퍼즐을 구성하는 조각들로 이해해야 한다."

그러면서 그는 "더욱 함양된 진정성(진실하기)과 통합성(온전하기), 창의성(혁신하기)을 결합하여 일과 가정, 지역 사회, 자아를 통합해야 한다"고 주장한다.[25]

이제 묻고 싶다. 당신의 세계관에서는 모든 것이 조화를 이루는가?

더 나은 삶을 살기 위해
노력하는가?

연구 결과는
의미 부여야말로 밀레니얼 세대가 일에서 바라는
가장 중요한 것임을 확인해 준다.
그들이 깨닫지 못하는 것은
설령 일을 소명으로 생각하지 않을 때에도
일이 유의미할 수 있다는 것이다.
— 《어떻게 나답게 살 것인가》의 저자 에밀리 에스파하니 스미스Emily Esfahani Smith

일기를 쓸 때 다음 질문과 활동을 깊이 생각해보라.

• 당신은 직업과 개인 생활을 구분하는가? 어떤 방식으로 하는가? 재통합하기
  위해 당신이 할 수 있는 3가지 작은 변화를 나열해보라.

• 일의 목적을 생각해보고 그것을 짧은 선언문으로 표현하라.

• 일과 삶을 통합한 좋은 모델이 될 만한 사람을 알고 있는가?

• 사업이 '고귀한' 천직이 될 수 있는가?

- 당신은 내가 청년들에게 열정을 찾으라고 과도하게 강조한다고 생각하는가? 그 때문에 그들이 실패와 헛된 기대를 갖게 될까, 아니면 그것이 좋은 삶에 중요하다고 생각하는가?

- 당신을 활기차게 만들 것이라고 생각되는 '완벽한' 일이 있는가?

- 당신의 삶은 통합적인가? 그렇다면 어떻게 통합적인가? 부족한 점은 무엇인가? 당신에 관한 이 질문에 친구들은 어떻게 대답할까?

- 사업에 이익뿐만 아니라 어떤 목적이 있다고 생각하는 것은 지나치게 이상적인가?

Rethinking Success

✕

남길 만한
유산이 있는가?

인생의 황혼기에 접어든 지금,

여전히 인생이 무엇인지 궁금합니다.

하지만 이건 말할 수 있습니다.

명성과 부는 별 가치가 없습니다.

— 전 크라이슬러 회장 리 아이아코카Lee Iacocca

이력서를 위해 살아야 하는가,

추도문을 위해 살아야 하는가?

— 데이비드 브룩스

어떤 종류든 간에 우리는 모두 유산을 남길 것이다. 2019년 7월 66세의 나이로 세상을 떠난 로지 루이즈Rosie Ruiz를 생각해보라. 그녀의 이름은 1980년 보스턴 마라톤과 함께 영원히 회자될 것이다. 루이즈는 결승선의 1.6킬로미터 전에 몰래 들어와 달렸다는 사실이 발각되면서 우승 자격을 박탈당했다. 제대로 승리했다면 루이즈는 여성 마라톤 역사상 세 번째로 빨리 달린 선수가 되었을 것이다. 순간의 그릇된 판단으로 그녀는 결국 원치 않은 유산을 남기게 되었다.

우리 모두는 평범하지만 삶을 통해 변화를 만들어내고 유산을 남길 수 있다. 옥스퍼드대학 코퍼스 크리스티 칼리지의 정원 벤치에는 러셀 크록포드Russell Crockford(1957-1981)라는 사람을 추모하는 작은 명판이 붙어 있다. 이 명판에는 젊은 크록포드에 관해 이렇게 적혀 있다.

"그는 자신이 할 수 있는 모든 일을 다 했다."

명판을 깊이 숙고한 뒤 나는 이것이 우리에게 주는 의미가 깊다고 결론 내렸다. 크록포드의 생은 짧았지만 그는 자신의 잠재력을 최대한 발휘했다. 그것으로 충분하다.

이 명판은 우리에게 열쇠가 되어 준다. 우리는 할 수 있는 모든 것을 발휘하는 열정을 가져야 한다. 대신 우리가 헌신한 것에 대한 판단은 다른 사람에게 맡겨야 한다. 우리의 삶에 대해 나름대로 안다고 생각하는 청중들에게 아첨하는 일도 그만두어야 한다. 타인의 인정을 받기 위해 하는 행동은 아무 도움이 되지 않는다. 이야기를 '만들어 보여주는' 개인 SNS에 대한 강박 역시 만족을 주지 못한다.

리더로서 우리는 다른 방식을 모델로 삼아야 한다. 먼저 행복과 성취에 대한 인식을 내 안에서 끌어올려야 한다. 이렇게 하기 위해선 용기가 필요하다. '한 사람의 청중'을 위한 삶이 주는 또 다른 유익은 스스로 만들어낸 압박에서 해방되어 결과에 대한 걱정 없이 목적이 있는 삶을 살 수 있다는 데 있다.

우리는 대부분 내가 가진 유산에 대해 진지하게 숙고하지 않는다. 이런 고민은 불가피하게 인간의 유한성과 죽음에 대한 질문으로 이어지기 때문이다. 오레곤 보건과학대학의 윤리학 교수인 데이비드 바나드David Barnard는 인생의 끝에 대해 많은 글을 썼다. 그의 연구 결과에 따르면 미국 사회의 대다수는 죽음에 관해 생각하는 것을 매우 싫어한다.[01]

하지만 이제 생각이 바뀌고 있다. 미국 전역에 죽음과 관련된 카페가 생겨나고 있다. 백여 개 이상의 도시에 생긴 죽음 관련 카페는 애도를 돕거나 인생을 정리하는 계획을 세우기 위함이 아니라 말을 꺼내기 어려운 죽음에 관해 편안한 분위기에서 마음을 나누기 위한 것이다. 죽음 카페 운동의 설립자 존 언더우드Jon Underwood는 이렇게 말한다.

"죽음을 전문 의료진과 장례지도사에게 맡기는 방식을 좋지 않게 생각하는 사람들이 늘고 있습니다."

그는 죽음 카페를 "사람들이 죽음에 대해 토론하면서 의미를 찾고 중요한 것을 성찰하는 공간"으로 본다.[02]

사실 많은 사람들에게 죽음은 두렵고 어두운 존재다. 삶은 짧고, 유산과 같은 고차원적 문제를 숙고할 만큼 우리는 죽음에 익숙하지 않다. 하지만 키르케고르와 소크라테스의 글에서 보듯이 죽음이라는 냉혹한 현실을 피하기는 어렵다. 게다가 죽음을 받아들이는 것은 죽음의 의미에 대해 생각하는 것과는 다른 문제다. 조용히 앉아 죽음에 대해 이야기를 나누다 보면 자연스럽게 유산을 포함한 여러 문제를 탐색하게 될 것이다.

우리는 어떻게 기억될까? 우리가 사는 동안 무엇을 얼마나 어떻게 기여했는지는 다른 사람들이 결정할 것이다. 하지만 삶을 되돌아보고, 무엇을 유산으로 남기고 싶은지를 생각해 보는 것은 여러모로 유의미하다. 유산으로 남길 메시지를 조작하려고 시도하지 않는다면 말이다. 당신은 어떻게 기억되고 싶은가?

몇 년 전, 나는 '죽음과 유산'이라는 주제를 함께 얘기하던 한 오래된 모임에 대해 알게 되었다. 몇몇 회원이 모여 자신이 직접 쓴 추도사를 나누는 모임이었다. 추도사에는 자신의 장례식에서 누군가가 읽어주기를 바라는 내용을 담았다. 이 덕분에 모임의 회원들은 자신이 소중하게 여기는 것이 무엇인지, 그리고 어떻게 존경받고 싶은지를 고민해야 했다. 이것은 이력서의 미덕보다 추도사의 미덕을 중시하는 데이비드 브룩스의 생각을 그대로 반영한다.

그러던 1897년 5월, 이 모임은 뜻밖의 변화를 맞이한다. 먼저 당신이 신문을 펼쳤는데 당신의 부고 소식을 접했다고 가정해보라. 기분이 어떨 것 같은가? 말 그대로 기가 막혀서 말조차 나오지 않을 것이다. 알고 보니 지나치게 열성적인 기자 하나가 〈뉴욕저널〉에 실은 마크 트웨인에 관한 기사에서 중대한 실수를 저지른 것이다. "마크 트웨인이 죽었다"라고 쓴 것이다. 그의 기사는 1면에 실렸고, 런던의 한 호텔에 머물고 있던 트웨인은 자신의 소식을 접했다. 트웨인이 집에서 조용히 숨을 거두었다는 내용이었다. 트웨인은 그 기사를 비꼬았다. "나의 죽음에 관한 보도는 상당히 과장되어 있다."

그보다 전인 1888년에도 오보 사건이 있었다. 프랑스의 한 일간지가 스웨덴 발명가 알프레드 노벨이 칸에서 사망했다고 보도했다. 기사는 노벨의 사망 소식을 이렇게 알렸다.

"역사상 누구보다 많은 사람을 더 빨리 죽이는 방법을 발견하여 부자가 된 알프레드 노벨 박사가 어제 사망했다."

기사의 제목은 "죽음의 상인, 사망하다"였다. 노벨 가문은 다이너마이트를 발명하여 많은 재산을 모았다. 이는 전쟁의 판도를 완전히 바꾸었고, 그로 인해 대량 살상이 가능해졌다. 하지만 이 부고는 다른 노벨에 관한 것이었다. 알프레드는 죽지 않았다. 죽은 사람은 그의 형 루드비히로, 프랑스 남부에서 죽음을 맞이했다.

충격을 받은 알프레드는 부고 기사를 보며 매우 괴로워했다. 그는 기사 제목이 자신의 마지막 유산이 될까봐 아연실색했다. 그래서 재산의 상당 부분을 떼어 자신의 이름을 딴 상을 제정했고, 그중 하나인 노벨평화상이 마더 테레사, 마틴 루터 킹 주니어, 넬슨 만델라 등에게 수여되었다.

노벨이 보여주듯 인생의 궤도를 바꾸고 진정한 목적을 돌아보기에 너무 늦은 때란 없다. 심각한 트라우마나 좌절은 종종 자아 성찰의 계기가 된다. 나를 깨우는 이런 신호를 놓쳐서는 안 된다. 이런 신호를 통해 우리는 기본으로 돌아간다. 오바마 행정부에서 비서실장을 지낸 람 이매뉴엘Rahm Emanuel은 수 년 전 금융 위기 당시 이렇게 말했다. "끔찍한 위기는 헛되이 낭비된다."

우리가 아주 거창한 유산을 생각한다면, 세상에 널리 알려진 처칠이나 만델라 같은 사람과 자신을 비교하고 스스로를 실패자라고 생각하게 될 것이다. 작가 잭 런던Jack London의 유언장은 짧은 인생에서 의미 있는 것을 하라고 말한다.

나는 먼지보다는 재가 되고 싶다! 나는 나의 열정이 썩어 바스러진 목재에 의해 질식당하기보다는 빛나는 불길 속에서 타 없어지고 싶다. 나는 생기 없이 잠든 행성보다는 나의 모든 원자가 엄청난 빛을 발하며 불타는 최고의 유성이 되고 싶다. 사람의 본분은 존재하는 것이 아니라 사는 것이다. 나는 수명을 연장하는 데 시간을 낭비하지 않을 것이다. 나는 나에게 주어진 시간을 최대한 활용할 것이다. [03]

'최고의 유성'이 된다는 말은 순간을 낭비하지 않는다는 의미다. 우리가 유산을 남길 곳은 반드시 존재한다. 당연한 말이지만 우리는 모두 똑같은 방식으로 빛나지 않을 것이다.

앞서 내가 백악관 보좌관으로 근무할 당시 마더 테레사를 만난 적이 있었다고 밝혔다. 마더 테레사로 산다는 것이 어떤 것인지 묻자 그녀는 겸손한 대답과 함께 자신의 인간적 약점을 인정했다. 작은 체구에 빛나는 웃음을 지닌 이 여성은 자신을 '평범한' 인간으로 생각하면서 이 세상에 사는 동안 조금이나마 변화를 이뤄내길 바랐다. 그건 확실했다. 하지만 그녀가 우리에게 준 진정한 희망은 우리 모두가 변화를 일으킬 수 있다는 것이다.

바라건대, 유산에 대해 생각할 때 전체적인 접근 방법을 이용해보라. 당신의 인생에서 정말 중요한 일, 당신이 가장 소중하게 여기는 것을 생각해보라. 런던에 위치한 글로벌 미디어 커뮤니케이션 서비스 기업 WPP의 이사회장 필 래더 Phil Lader는 나의 오랜 친구다. 필은 영국

세인트제임스 왕궁 주재 대사를 비롯하여 꽤 성공적인 삶을 살았다. 그에 의하면, 지도자들은 많은 공을 동시에 돌리는 일에 익숙하다고 한다. 이 공들은 대부분 고무로 만들어져 있어 바닥에 떨어뜨려도 거의 문제가 없다. 그런데 필에 의하면, 어떤 공은 크리스털로 만들어져서 떨어트릴 경우 산산조각이 남과 함께 엄청난 일이 생긴다고 했다. 그가 말하는 크리스털 공은 가족과 건강을 포함한 소중한 몇 가지를 의미한다. 그러므로 우리는 크리스털 공이 떨어져 피해를 입지 않도록 주의해야 한다. 이 크리스털 공을 다루는 방식은 우리가 물려줄 유산에서 큰 역할을 할 수 있다.

필의 비유는 스티븐 코비Stephen Covey의 저서《성공하는 사람들의 7가지 습관》에서 개략적으로 소개한 개념을 생각나게 한다. 코비는 우리의 '인생 항아리'에 큰 돌을 먼저 넣음으로써 삶의 목적을 놓치지 말라고 충고한다. 이 큰 돌들은 인생에서 가장 중요한 것을 의미한다.[04]

안타깝게도 우리는 사소한 것들에 마음을 사로잡힌다. 급한 일을 하느라 더 중요한 것을 놓치고, 작은 돌로 항아리를 채우느라 큰 돌을 채울 자리를 마련하지 못한다. 우리 삶의 크리스털 공이나 더 큰 돌에 대해 성찰하면 삶을 다른 방식으로 바라볼 수 있다. 나아가 한걸음 물러서서 숙고하면서 우리의 가장 중요한 관심사를 정확히 찾아낼 수 있다.

이런 중요한 진실이야말로 우리의 삶과 유산을 정의하는 최종 선언문이 될 것이다. 그러니 기억하라. 시간과 자원을 투자함에 있어 우선

순위를 정하는 것은 청중이 아닌 당신 자신이라는 사실을 말이다. 다른 사람을 기쁘게 해야 한다는 압박에서 벗어나라. 이 강박 탓에 우리는 스스로가 아닌 다른 사람이 정의한 성공과 성장을 따르는 삶을 살고 있다. 당신이 얼마나 재능 있고 부유하고 아름답건 다른 사람의 이야기를 받아들이고 자신의 이야기를 만들지 못한다면 그 삶은 의미가 없을 것이다. 어떤 사람이 영화계의 전설 캐리 그랜트Cary Grant를 인터뷰하면서 모든 사람이 캐리 그랜드가 되고 싶어 한다고 말했다. 그 말에 그랜트는 농담조로 이렇게 답했다.

"물론 저 역시 캐리 그랜트가 되고 싶습니다."

앞장에서 언급했듯이, 패스노스에서 편지 쓰기는 중요한 활동이다. 모임을 마칠 때 우리는 종종 자신에게 보내는 편지를 쓰게 한 뒤 그 편지를 집으로 보내곤 했다. 이 방법을 살짝 바꾸어 이용해보라. 자기 성찰이 끝난 뒤 성찰의 내용과 결론, 미래에 대한 생각을 스스로에게 보내는 편지 형식으로 써보는 것이다. 이것을 봉투에 넣고 주소를 쓴 다음 누군가에게 부탁해 한 달이나 일 년 뒤 또는 당신이 정한 시점에 당신에게 보내달라고 부탁하라. 편지가 도착하는 순간 이전의 명료했던 순간이 떠오를 것이다.

당신이 펜을 들어 무언가를 쓸 때마다 당신의 진정한 관심사가 무엇인지 정하는 일이 점점 느려질 것이다. 하지만 이 과정은 당신이 더욱 집중하도록 도움을 줄 것이다.

1868년 12월, 앤드류 카네기는 업무에서 잠시 물러나 자신에게 편지를 쓰는 시간을 가졌다. 33세의 젊은 사람이 쓴 내용은 놀라웠다. 이 유명한 글에 제시된 두 가지 내용은 나를 놀라게 했다. 먼저, 돈에 대한 그의 관점이다. "사람에게는 반드시 우상이 필요하다. 부의 축적은 최악의 우상 중 하나다. 돈에 대한 숭배는 어떤 우상보다 더 심각하게 우리를 추락시킨다!" 다른 하나는 수입의 최대한도를 정한 것이었다. "나는 나의 재산을 늘리기 위해 어떤 노력도 하지 않으며, 수입의 최대한도 이상의 돈은 매년 자선을 목적으로 지출한다. 다른 사람을 위한 것이 아니라면 영원히 사업을 포기하자." [05]

카네기는 자신이 원하는 유산이 어떤 모습인지 분명히 알았다. 하지만 안타깝게도 그것을 실천하는 데는 실패했다는 평을 받고 있다. 이것은 우리가 천명한 고귀한 삶을 살기 위해선 그 삶에 대한 확실한 책임감을 가져야 한다는 사실을 가르쳐 준다.

소중하게 여겨라 ―

10년 전 플로리다 소재 리갈 보츠Regal Boats 의 최고경영자가 내게 특이한 선물을 보내왔다. 구슬로 가득 찬 유리 꽃병이었다. 그가 보낸 쪽지에는 내 나이를 추정해 내 여생이 얼마나 되는지를 대략 계산한 다음 꽃병에 그 숫자만큼의 구슬을 채웠다고 쓰여 있었다. 그러면서 그는 다달이 구슬을 한 개씩 제거하라고 덧붙였다. 이 일로 나는 인생의 짧음과 유한함을 생각하면서 삶을 더 소중히 여기게 되었다.

17세기 시인 존 던John Donne이 마음을 가다듬기 위해 했던 일이 생각난다. 던은 책상 위에 사람의 두개골을 올려두었던 것 같다. 두개골은 항상 이렇게 일깨워주었다.

"인생은 짧다. 살아 있는 동안 일하라."

나는 젊은 나이에 인생의 목적이나 소명을 찾은 것처럼 보이는 사람들을 보며 항상 감탄했다. 앞에서 나의 영웅이자 내 영감의 원천인 18세기 영국의 개혁가 윌리엄 윌버포스를 언급했다. 탁월한 인물이었던 그는 노예제 폐지 운동을 성공적으로 이끌어 대영제국에서 노예제를 금지시키는 데 성공했다. 한 역사가는 윌버포스가 이끈 노예제 폐지를 "세계 역사의 전환점 가운데 하나"라고 말하기도 했다.

윌버포스는 20대 초에 이 위험하고 버거운 과제에 대한 소명을 발견하고, 그 길을 가는 데 있어 단 한 번도 머뭇거린 적이 없다. 1787년 10월 28일자 일기에 그는 이렇게 썼다.

"전능하신 하나님이 나에게 두 가지 위대한 과제를 주셨다. 노예무역 철폐와 태도의 개혁이다."[06]

그의 멘토였던 감리교의 창시자 존 웨슬리John Wesley는 이 어려운 소명을 감당하기 위해 개인적으로 치러야 할 대가를 그에게 경고하며 이렇게 말했다.

"하나님이 바로 이 일을 위해 당신을 세워주시지 않는다면 당신은 사람과 악마의 반대로 지쳐 쓰러질 것이다."[07]

하지만 윌버포스는 자신이 그 사명을 위해 태어났다는 것을 알았고, 계속해서 나아갔다. 그의 소명은 그의 천직이 되었고, 결국 그의 유산이 되었다. 더욱 슬프고 감동적인 사실은, 의회가 노예무역을 폐지하는 법안을 통과시키고 3일 만에 그가 숨을 거두었다는 것이다. 이것은 대영제국의 경제적 이익에 반대되는, 도덕적 용기에 기초한 유례없는 결정이었다.

이런 특별한 소명을 발견한 사람들에게 나는 깊은 인상과 호기심을 느낀다. 앨 고어Al Gore 전 부통령이 상원의원이던 시절 점심 식사를 하자며 그가 나를 자신의 사무실로 초대했다. 대화를 나누는 동안 나는 환경보호라는 그의 소명에 대해 알게 되었다. 그의 정치적 행보나 지구 온난화에 관한 그의 관점을 어떻게 생각하든 환경에 대한 그의 열정과 지식은 부정할 수 없었다. 나는 그에게 환경보호가 자신의 소명이라는 걸 언제 알게 되었는지 물었다. 그는 초등학교 5학년 때라고 대답했다.

우리가 인생에서 무슨 일을 해야 할지에 관한 질문에 분명한 대답은 없다. 나는 많은 사람을 내 사무실로 초대해 그들의 소명과 필생의 과업을 어떻게 시작하게 되었는지에 대해 이야기를 나누었다. 솔직히 말하면, 그것은 마치 맹인이 맹인을 인도하는 것과 같다. 하지만 나는 사람들이 이 퍼즐을 푸는 데 도움이 되는 몇 가지 유용한 방법을 알고 있다. 놀랍게도, 그 답은 빤히 보이는 곳에 숨겨져 있다.

나는 사람들에게 최초의 기억에서부터 현재의 삶까지 살펴보면서 두 가지 질문에 대한 답을 생각해보라고 말한다. 하나는 "당신은 정말 무엇을 하고 싶었습니까?"이고, 다른 하나는 "사람들은 당신이 무엇을 잘한다고 말했습니까?"이다. 이 간단한 두 질문이 얼마나 흥미로운 사실을 보여주는지 놀라울 정도다.

소명을 찾는 젊은이들에게 내가 제안하는 또 다른 활동은 자신의 삶을 5년 단위로 쪼개보라는 것이다. 1-5세, 5-10세, 10-15세 등으로 구분한 뒤 이 시기에 대해 생각해보라고 말한다. 당신은 무엇을 하고 싶어 했고, 천성적으로 어떤 것에 능숙했는가? 그런 것을 할 때 어떤 부분에서 신이 났는가? 그 일을 팀으로 했는가, 아니면 혼자 했는가? 다른 사람들 앞에서 말하기 또는 글쓰기를 배우는 것을 좋아했는가? 손으로 무언가를 만드는 것을 좋아했는가? 당신은 다른 사람들이 찾는 문제해결사였는가? 당신은 다른 사람을 이끄는 것을 좋아했는가, 아니면 따르는 것을 좋아했는가?

당신은 내 질문들의 요점을 알 것이다. 우리의 천성은 일찍 드러난다. 이 질문들에 대답함으로써 얻은 자신에 대한 지식을 삶에 적용하면 자신의 소명을 훨씬 더 잘 발견할 수 있다. 나아가 이를 통해 당신 자신과 천성에 정확하게 부합하는 진정한 유산을 만들 수 있다.

소명을 탐색하는 또 다른 방법이 있다. 두 개의 큰 원을 나란히 그린 뒤 가운데 부분을 겹치게 하는 것이다. 그런 다음 하나의 원에는 당신을 항상 신나게 만드는 것들, 이를 테면 미술이나 피아노, 글쓰기, 스포츠에 대한 열정을 쓴다. 그리고 다른 원에는 좀 더 실용적인 것, 예를 들면 생계유지를 위해 해야 할 것이나 반드시 해야 할 것들을 쓴다.

운이 좋다면 이 두 원이 겹치고, 자신이 좋아하는 일을 하면서 돈을 벌 수 있는 가능성이 커진다. 물론 이것은 정해진 결론이 아니다. 당신의 마음과 머릿속에 진정으로 원하는 것에 대한 명확하고 단호한 비전이 있어야만 가능하다. 당신 마음속에 최종 목적지에 대한 그림이 없다면 이는 절대로 불가능한 일이다.

여기서 주의할 것이 있다. 두 원의 겹치는 부분, 즉 자신이 꿈꾸는 일을 찾지 못하는 경우다. 처음에는 실용의 원에 속한 일을 하느라 대부분의 시간을 보낼 것이다. 그렇다고 해도 열정의 원에 속한 일, 우리가 관심을 두는 일, 우리를 신나게 만드는 일을 간과해서는 안 된다. 물론 현실에 충실해야 하지만 열정에 대한 투자를 멈춰서는 안 된다.

오랫동안 뉴욕 메트로폴리탄 오페라하우스에서 리드 싱어의 예비 가수 역할을 했던 한 여성이 있다. 어느 날 갑자기 리드 싱어의 건강에 문제가 생겼고, 오랜 세월 뒤에 있어야만 했던 그녀는 마침내 앞으로 나올 기회를 얻었다. 그녀는 자신의 목소리로 무대를 채웠고, 남은 시즌을 잘 마무리했다. 오랜 시간 예비 가수와 웨이트리스로 일하며 기회를 기다린 결과 마침내 자신이 정말 좋아하는 일을 하면서 돈을 벌수 있게 된 것이다.

수업이 끝날 때 내가 학생들에게 해보라고 강력하게 요구하는 또다른 접근 방법이 있다. 3~4페이지 분량의 에세이를 써보라고 하는 것이다. 이 글에서 그들은 25년 뒤의 자신과 와인을 마시며 대화를 나눈다. 질문을 던지기도 하고 받기도 한다. 당신이 에세이를 쓴다고 가정해보라. 나이든 당신은 젊은 당신에게 앞으로 무엇을 소중히 여기라고 조언할 것인가? 이를 통해 당신에게 진정으로 중요한 것과 가장 먼저 해야 할 일이 무엇인지 알게 될 것이다.

또 다른 방식은, 시간을 내서 당신의 삶을 이끄는 일련의 원칙을 써보는 것이다. 너무 이론적으로 보일 수 있지만 이것은 당신의 행동과 우선순위에 실질적인 영향을 미칠 수 있다. 미래를 위한 안내도 역할을 하기 때문이다.

미 행정부에서 일하는 동안 나는 스스로 원칙을 정의하는 것과 관련된 소중한 교훈을 배웠다. 1987년 나는 뉴욕의 골드만삭스가 제안한 일자리를 받아들였다. 자리를 옮기기 전, 골드만삭스의 전 이사회장 존 화이트헤드와 일했던 적이 있다. 당시 그는 미 국무부 부장관이었다. 나는 존에게 그의 전 직장이었던 골드만삭스에서 구직 인터뷰를 하고 채용 제안을 받아들였다는 사실을 알리지 않았다. 개인적으로나 업무 관계로 존과 아주 가까워진 상태에서 그에게 나의 구직 소식을 알리는 것이 두려웠다.

얼마 뒤 나는 화이트헤드의 사무실이 있는 워싱턴 D.C.의 포기 보텀 근처로 찾아가 약간 불안한 마음으로 나의 결정을 알렸다. 화이트헤드는 처음에는 놀란 표정을 짓더니 이내 나를 캐비닛 옆에 놓인 작은 소파로 이끌었다. 그러고는 서랍을 열어 〈골드만삭스 사업 원칙〉이란 제목이 붙은 종이 한 장을 꺼냈다. 그는 1954년에 이 원칙을 만들었고, 이는 수십 년 동안 골드만삭스의 문화와 가치를 형성했다.

흥미롭게도 그들은 돈을 버는 방법보다 성격과 좋은 습관에 관한 문제에 더 초점을 맞췄다. 존은 내 앞에서 그 원칙을 하나하나 읽어 내려갔다. 다 읽고 난 뒤 그는 자신이 골드만삭스에 있을 때 가장 중요하게 실천한 일은 이 원칙을 준수하고 직원들이 그대로 따르도록 하는 것이었다고 말했다. 존에게 돈은 사업을 올바르게 수행한 결과에 지나지 않았다. 나는 이런 이상을 지키려는 그의 열정과 신념을 결코 잊지 않겠다고 다짐했다. 유산과 문화에 대한 그의 관점은 나를 비롯한 많은 사람들에게 큰 영향을 미쳤다.

유산을 만드는 일은 자신의 자아와 더욱 하나 되는 일이다. 1945년 나치에 의해 처형된 디트리히 본회퍼Dietrich Bonhoeffer 목사의 시 〈나는 누구인가?〉가 생각난다. 이 시에서 그는 목적이 있는 참된 삶을 살려고 노력할 때 경험할 수 있는 내적 갈등을 잘 표현했다. 우리는 세상에 드러나 보이는 자신과 자신의 실제 모습이 같지 않으며, 어느 정도는 위선적이라는 것을 알고 있다.

다른 사람들이 말하는 내가 정말 나인가?

아니면 나 스스로 알고 있는 내가 나인가?

나는 누구인가? 전자인가, 후자인가?

나는 오늘은 이 사람이고, 내일은 저 사람인가?

아니면 둘 다인가?

사람들 앞에서는 위선자이고,

혼자 있을 땐 경멸스러울 정도로 투덜대는 나약한 사람인가?[08]

몇 년 전, 어떤 사람이 80대 후반의 사람들을 인터뷰하면서 이런 질문을 던졌다. "당신이 인생을 다시 산다면 어떻게 살 것입니까?" 켄터키 주에 살던 평범한 할머니였던 나딘 스테어Nadine Stair는 85세 때 이런 시를 지었다.

내가 만약 인생을 다시 산다면

더 많은 실수를 저지르리라.

긴장을 풀고 느긋한 마음으로

모든 일을 너무 심각하게 생각하지 않으리라.

80대가 되면 당신은 지난날의 행동을 어떻게 되돌아보게 될까? 내일의 유산을 만들고 싶은가? 그렇다면 지금이 바로 잠시 멈추고 어떤 행동을 고칠지를 고민하기 적절한 때다.

우리는 모두 유종의 미를 거두고 다른 사람들, 특히 가족이 더 나은 삶을 살 수 있게 해 줄 유산을 남기고 싶어 한다. 유산의 중요성은 1988년 내가 전 유엔 사무총장이자 오스트리아 대통령이었던 쿠르트 발트하임Kurt Waldheim의 집에서 오찬을 하던 날 절실히 다가왔다. 발트하임은 20세기 위대한 지도자 가운데 한 사람으로 존경받았다. 2차 세계대전

중 젊은 발트하임은 많은 사람들이 그랬듯 히틀러 치하에서 작은 직책을 담당했다. 이 사실이 밝혀지면서 파장이 일었다. 발트하임은 하루아침에 국제적인 부랑자 신세가 되었고, 더 이상 미국에서 환영받지 못했다.

독일 의회의 몇몇 친구들은 그와 계속 관계를 유지하며, 비엔나 근교에 있는 그의 집에서 발트하임과 나를 위한 모임을 마련했다. 오찬이 끝날 무렵 발트하임은 나에게 서재에서 개인적인 시간을 가질 수 있는지 물었다. 호기심이 동한 나는 그 제안을 받아들였다.

서재에서 발트하임은 약간 격한 감정으로 자신이 기소되어 재판 받은 일에 대해 말했다. 그는 공무원으로서 성공적인 삶을 보내다가 한순간 완전히 망가졌다. 그는 나에게 한 저명한 미국인 유대인과 개인적으로 만나 자신의 입장을 말할 수 있는 자리를 주선해줄 수 있는지 물었다. 발트하임은 내가 골드만삭스와 관계를 맺고 있다는 것을 알았기 때문에 내가 그런 사람을 알고 있을 것이라고 짐작한 듯했다.

나는 노력해 보겠다고 약속했다. 뉴욕으로 돌아와 나는 골드만삭스의 이사회장 밥 루빈Bob Rubin을 만났다. 밥은 나중에 미국 재무부장관이 되었다. 나는 밥에게 발트하임의 간절한 요청을 전했고, 그는 마지못해 그 만남에 응했다. 당연한 일이겠지만 밥의 가족은 그 계획에 대해 강하게 반대했다. 가족들의 우려는 분명했다. 엄청난 비난을 받고 있는 상황에서 한 개인의 이야기를 듣는 단순한 행위조차 나치의 만행에 대한 암묵적인 인정으로 곡해될 수 있기 때문이었다.

적어도 나는 노력해 보겠다는 약속은 지켰다고 생각했다. 그 일 하나로 많은 생각과 감정이 교차했는데, 무엇보다 비판자들이 자신의 유산을 결정하지 못하게 하려고 필사적으로 노력하는 한 사람이 보였다. 자신의 가족과 자기 마음의 평화를 위해 그는 자신의 마지막 생각을 전하고 싶었던 것이다.

어떤 의미에서 우리는 기록을 바로잡기 위해 자신의 역사를 직접 쓰고 싶어 한다. 하지만 그것이 정말 그렇게 노력할 가치가 있는 일일까? 카네기처럼 우리도 고상한 열망과 목적을 가질 수 있지만 그것은 결국 저절로 드러나게 마련인 인격에 의해 좌우될 수밖에 없다.

사도 바울의 이야기는 이것을 잘 보여준다. 바울은 나사렛 예수 운동의 무자비한 적대자였다. 심지어 그는 예수의 몇몇 제자들을 살해하는 데 가담하기도 했다. 하지만 결국 바울은 예수를 만나고 그리스도의 열성적인 제자가 되었다. 최초의 신자들 다수는 회심한 바울을 신뢰하지 않았다. 바울은 상황을 바로잡고 다른 사람들에게 자신의 진정성과 새로운 목표를 납득시키고 싶었다. 어쨌든 그는 변화된 사람이었다. 하지만 인생 말년에 바울은 더 이상 자신의 기록을 바로잡아야 할 필요를 느끼지 못했다. 그는 단순히 "내가 나 된 것은 하나님의 은혜로 된 것이니."라는 결론을 내렸다.[09]

우리 역시 마찬가지다. 토마스 머튼Thomas Merton이 쓴 다음 시는 우리의 이야기에 내재된 많은 모순과 갈망을 말해준다. 하지만 내가 나된 것은 하나님의 은혜로 된 것이다.

나의 주 하나님,

나는 내가 어디로 가고 있는지 모릅니다.

앞에 놓인 길도 알지 못합니다.

길이 어디에서 끝날지 확실히 모릅니다.

나는 나 자신도 제대로 알지 못합니다.

내가 당신의 뜻을 따르고 있다고 생각하는 그 사실도

내가 실제로 그렇게 하고 있다는 의미는 아닙니다.

그러나 당신을 기쁘시게 하려는 나의 소망이

실제로 당신을 정말 기쁘게 한다는 것을 믿습니다.

나는 내가 하는 모든 일 가운데 그런 소망을 갖길 바랍니다.

이런 소망 없이 어떤 일도 결코 하지 않기를 바랍니다.

내가 그렇게 할 때, 설령 내가 아무것도 모른다 해도,

당신은 나를 올바른 길로 인도해주실 것을 압니다.

내가 길을 잃고 죽음의 어둠 가운데 있을지라도

내가 당신을 항상 신뢰하기에 나는 두려워하지 않을 것입니다.

당신은 영원히 나와 함께하시고

결코 내가 홀로 위험에 빠지도록 내버려두지 않기 때문입니다.[10]

남길 만한
유산이 있는가?

세상에 무엇이 필요한지 묻지 마라.
무엇이 당신을 신명나게 하는지 묻고 그것을 하라.
세상에 필요한 것은, 신명나게 사는 사람들이다.

— 신학자 하워드 서먼Howard Thurman

일기를 쓸 때 다음 질문과 활동을 깊이 생각해보라.

• 당신은 어떤 사람의 유산에 감탄하는가? 그들의 헌신이 어떻게 당신을 고무시키는가?

• 당신 부모의 유산은 무엇인가? 당신은 그들이 변화를 만들어냈다고 믿는가? 어떤 측면에서 그런가?

• 당신의 장례식 추도문을 두 단락으로 써보라. 그 추도문은 지금 당신이 살고 있는 삶의 기준이 될 수 있을까?

• 몇몇 친구를 모아 그들의 장례식에서 낭독되길 원하는 추도문을 쓰게 해보라. 그 추도문을 서로 읽어주고 토론하라.

- 종이 한 장을 꺼내 한 줄에는 당신이 열정을 느끼는 일을 나열하고, 다른 한 줄에는 생계를 유지할 수 있는 방법을 적어보라. 교차하는 부분이 있는가? 열정을 느끼는 일을 해서 돈을 벌지 못한다 해도 그 일을 유지하겠는가? 적어도 일주일에 10분만이라도 투자해보라.

- 또 다른 열정 목록을 만들고 당신이 해야 할 일을 적어 보라. 당신이 간과한 열정이 있는가? 나열한 열정들의 우선순위를 정해보라.

- 당신의 인생에서 '원대하거나', '의미심장한' 일을 해야 한다는 압박감을 느끼는가? 당신의 자녀에게 똑같은 일을 해야 한다고 압박하는가?

- 우리의 유산은 우리가 만들 수 있는 것인가, 아니면 다른 사람들이 결정하는 것인가?

당신의 길을 찾아가라

성공한 사업가들은 이렇게 질문한다.

"우리가 해결해야 할 문제는 무엇인가?"

이 공식을 내 책에 적용하여 나는 이렇게 묻는다.

"내 책에서 말하려는 것은 무슨 문제인가?"

나는 고독과 고립의 급속한 확산이 많은 사람들, 특히 지도자들에게 해를 끼친다고 앞에서 지적했다. 간단히 말해, 많은 이들이 길을 잃고 어디서 도움을 구해야 할지 모르고 있다. 한때 도움을 주었던 기관이나 중재 조직에 대해서는 신뢰와 매력을 느끼지 못한다. 한마디로 오늘날 우리는 관계에서 단절되고 길을 잃은 채 돌파구를 찾아 헤매고 있다. 그렇다면 길을 잃는다는 것은 무슨 의미일까?

어느 주일, 나는 키 큰 영국인 목사가 다음 주일에는 '잃어버린 것'

을 주제로 특별 설교를 하겠다고 말하는 것을 들었다. 그러면서 그는 '잃어버린' 친구와 이웃을 다음 주일 예배에 데려오라고 했다. 나는 목사의 말을 들으며 두 가지를 생각했다. 먼저, 어떤 잃어버린 영혼이 실수로 다음 주일에 그들과 같은 '부류'를 만나는 대신 오늘 예배에 참석했다면 어땠을까? 우리는 그들이 예배당에 들어오는 것을 막고 다음 주일에 잃어버린 많은 영혼들과 함께 오라고 말해야 할까?

두 번째 관심사는 '잃음'이라는 단어의 정의와 관련된 것이었다. 누가복음 15장에서 예수는 세 가지 잃음에 대해 설명한다. 잃어버린 동전, 잃어버린 양, 잃어버린 아들.

성서에서 잃음이란 단어는 비난의 의미를 담고 있지 않다. 단순히 '제자리에 있지 않다'는 의미다. 예를 들어 동전은 지갑에 들어 있어야 하는데 거기에 없기 때문에 잃어버린 것이다. 양 한 마리가 99마리의 무리에서 떨어졌기 때문에 잃어버린 것이 된다. 방탕한 아들은 가족을 떠났기 때문에 잃어버린 아들이 된다.

정확히 누가 잃어버린 사람인지에 대한 교구 목사의 설교로 돌아가 보자. 나는 '나'와 '당신'도 잃어버린 사람이 아닐까 생각한다. 올바른 삶을 살려는 노력에도 불구하고 나는 비참할 정도로 자주 실패한다. 나는 길을 잃고 자주 올바른 위치에서 벗어나 잃어버린 사람이 된다. 영국 작가 J. B. 필립스J.B.Phillips는 잃어버림의 문제에 대한 유용한 관점을 제시한다.

"진정한 위험은 …… 더 현저하고 중대한 유혹과 죄가 아니라 비전의 점진적인 추락, 대담함과 용기와 모험을 하려는 의지의 느린 소멸에 있다."[01]

이것은 잃어버림에 대한 설명이다.

길을 잃는 습성을 갖고 있는 우리는 어떻게 해야 할까? 아마 그리스인들이 도움을 줄 수 있을 것 같다. 그리스 신화에서 미노타우루스는 인간의 몸에 얼굴과 꼬리는 황소의 모습을 한 괴물로, 생존을 위해 인간을 잡아먹고 깊고 어두운 동굴 속 복잡한 미로 속에 살고 있다. 아테네 영웅 테세우스는 미노타우루스에게 잡힌 소년들을 구하기로 결심한다. 그의 임무는 이 위험한 곳으로 들어가 야수를 찾아 죽이고 소년들을 탈출시키는 것이었다.

미노타우루스는 무시무시한 야수였지만 그것이 가장 어려운 과제는 아니었다. 더 큰 위협은 미로였다. 어둠 속의 통로는 구불구불하게 얽혀 있고, 도처에 테세우스를 유혹하는 것들이 존재했다. 한마디로 길을 잃기 쉬웠다. 하지만 테세우스와 사랑에 빠진 왕의 딸 아리아드네는 자신의 왕자가 길을 잃지 않도록 해결책을 제시했다. 테세우스에게 실타래를 주어 미로 입구에 매어두게 한 것이다. 그는 실타래의 다른 끝을 단단히 쥐고 실을 풀면서 동굴 속으로 들어갔고, 복잡하고 위험한 미로를 헤치고 빠져나올 수 있었다. 그리고 마침내 미노타우루스를 죽이고 실을 따라 밖으로 나왔다. 탁월한 성공이었다.

삶은 위험한 미로와 같다. 고비마다 올가미가 놓여 있고, 엉뚱한 방향으로 갈 수 있으며, 곳곳에 유혹이 도사리고 있다. 이런 난관이 우리에게 주어진 이유는 한 가지다. 낙심하고, 포기하고, 길을 잃게 하려는 것이다. 앞길이 보이지 않을 때는 우리도 테세우스처럼 실을 꽉 잡아야 한다. 나는 당신들이 내 책과 내가 던진 질문들을 통해 통찰과 전략, 희망을 만들어 의미와 진정성, 유대로 가득한 삶을 사는 데 도움을 얻기를 바란다. '상처 입은 치유자'가 되기 위해 노력하는 동료 '구도자'로서 나와 여정을 함께해 준 당신께 감사하다.

오늘을 살라Carpe diem.

감사의 말

삶은 관계와 경험으로 이루어진 아주 풍성한 태피스트리다. 나는 적절한 순간에 나타나 나를 변함없이 격려하고 도전 의식을 북돋워준 모든 사람들에게 도움을 받았다. 그들에게 감사드린다. 그들이 나를 더 나은 사람으로 만들었다.

나의 멘토와 영감을 주었던 사람들은 지금까지 내가 알았던 사람들 중 가장 훌륭하다. 그들은 다음과 같다. 척 라이홀드, 마틴 보스테터 판사, 하인츠 크리스찬 프렉터와 그의 가족, 더그 코, 찰스 퍼시 상원의원, 도널드 드루 박사, 마크 퍼시, 존 화이트헤드(국무부), 제임스 A. 베이커(백악관), 버드 맥파랜드(백악관 국가안전보장회의), 지니 파이페, 코프 보이시, 밥 루빈(골드만삭스), 빌 브락 상원의원, 레이 챔버스, 빌 밀리켄,

테드 레온시스, 파울 알메이다(조지타운대학), 하워드 펙, 마이크 울먼, 짐 세네프, 댄 호드, HEB 재단.

가까운 친구들과 가족들도 있다. 그들이 없었다면 나는 아무것도 하지 못했을 것이다. 밥과 낸 우시, 에이브러햄과 살렘 피세하, 스티브와 진 케이스 부부, 나의 누이 샌드라, 댄 웹스터, 존과 수잔 예이츠 부부, 이맘 마지드, 마리 오리스먼 대사, 데일 존스, 엘리자베스 심스, 스킵 라이언, 줄리아와 라이언, 카이틀린과 헤이스, 켐페, 앤, 카이 제임스, 비서 존 돌턴 부인, 크레이그와 코니 웨더럽 부부, 조 그레고리, 킥 라이터 장군, 프랭크 드소우자, 밥 프랭클린(무어하우스), 빌 해리슨, 마이크와 홀리 디파티 부부, 캐럴 멜턴, 웨인 후이첸가 주니어, 마이크 케인, 후안 에드거 피카도, 톰 모건, 론 앤톤 신부 대사, 그리고 패스노스팀과 회원, 윈디 갭 형제들, 링크스와 화이트헤드 조찬 모임의 뉴욕 친구들.

마지막으로 댄 케이스, 존 월시 박사(옥스퍼드), 오스 기니스 박사, 빌 메이어(아스펜 연구소), 라지 샤(록펠러 재단), 악바르 아흐메드, 데이비드 브룩스, 팀 슈라이버, 마이크 거슨, 주디 우드러프, 프랜시스 콜린스 박사(국립보건원), 하퍼원의 편집자 미키 모들린, 그의 유능한 팀, 나의 에이전트 잔 바우머. 이들은 나에게 아이디어와 상상력이 삶을 풍성하게 만든다는 사실을 알려주었다. 모두에게 감사드린다.

주석

프롤로그

01 Login George and Crystal L. Park, "Meaning in Life as Comprehension, Purpose, and Mattering: Toward Integration and New Research Questions," Review of General Psychology 20, no. 3 (June 2016), https://www.researchgate.net/publication/304032002 _Meaning_in_ Life_as_Comprehension_Purpose_and_Mattering _Toward_Integration_and_New_Research_ Questions.

02 David Brooks, "Should You Live for Your Resume . . . or Your Eulogy?," TED Talk, March 2014, https://www.ted.com/talks/david_brooks _should_you_live_for_your_resume _or_ your_eulogy?language=en.

03 Alison Wood Brooks and Leslie K. John, "The Surprising Power of Questions," Harvard Business Review, May–June 2018, https://hbr.org/2018/05/the-surprising-power-of-questions

04 Rainer Maria Rilke, Letters to a Young Poet, ed. Ray Soulard Jr. (Portland, OR: Scriptor Press, 1973), p. 14.

들어가는 글_성공은 환상이다

01 Robert A. Burton, "A Life of Meaning (Reason Not Required)," New York Times, September 5, 2016, https://www.nytimes.com/2016/09/05/opinion/a-life-of-meaning-reason-not-required.html.

02 Jaruwan Sakulku and James Alexander, "The Impostor Phenomenon," International Journal of Behavioral Science 6, no. 1 (September 2011): 73 – 92, https://www.sciencetheearth.com/ uploads/2/4/6/5/24658156/2011_sakulku_the_impostor_ phenomenon.pdf.

03 Sally C. Curtin, Margaret Warner, and Holly Hedegaard, "Increase in Suicide in theUnited States, 1999 – 2014," NCHS Data Brief, no. 241, April 2016, https://www.cdc.gov/nchs/data/ databriefs/db241.pdf.

04 Clayton M. Christensen, "How Will You Measure Your Life?," Harvard Business Review,July– August 2010, https://hbr.org/2010/07/how-will -you-measure-your-life.

05 Vivek Murthy, "Work and the Loneliness Epidemic," Harvard Business Review, September 2017, https://hbr.org/cover-story/2017/09/work-and-the-loneliness-epidemic.

06 Robert Steven Kaplan, What You're Really Meant to Do: A Road Map for Reaching Your Unique Potential (Boston: Harvard Business School Publishing, 2013). 《나와 마주서는 용기》(비즈니스북스).

07 Cathy Free, "This Town's Solution to Loneliness? The 'Chat Bench,'" Washington Post, July 17, 2019, https://www.washingtonpost.com/lifestyle/2019/07/17/this-towns-solution-loneliness-chat-bench.

08 Tom Fox, "A Conversation with the NIH Director: On Overseeing Medical Breakthroughs, Making Music, and Riding a Harley," Washington Post, November 20, 2017, https://www.washingtonpost.com/news/on-leadership/wp/2017/11/20/a-conversation-with-the-nih-director-on-overseeing-medical-breakthroughs-making-music-and-riding-a-harley.

첫 번째 질문_당신만의 이야기를 만들어낼 수 있는가?

01 Elle Luna, The Crossroads of Should and Must: Find and Follow Your Passion (New York: Workman, 2015).

02 Robert Steven Kaplan, What You're Really Meant to Do: A Road Map for Reaching Your Unique Potential (Boston: Harvard Business School Publishing, 2013).

03 Thomas K. Houston et al., "Culturally Appropriate Storytelling to Improve Blood Pressure: A Randomized Trial," Annals of Internal Medicine 154, no. 2 (January 18, 2011): 77-84, doi: 10.7326/0003-4819-154-2-201101180-00004.

04 Pedro M. Gardete, "Social Effects in the In-Flight Marketplace: Characterization and Managerial Implications," Journal of Marketing Research 52, no. 3 (June 2015): 360-74, https://www.gsb.stanford.edu/faculty-research/publications/social-effects-flight-marketplace-characterization-managerial.

05 Irving L. Janis, Groupthink: Psychological Studies of Policy Decisions and Fiascos, 2nd ed. (Boston: Cengage Learning, 1982).

06 David Riesman, The Lonely Crowd (New Haven, CT: Yale University Press, 2001). 《고독한 군중》(홍신문화사).

07 Adam Grant, Originals: How Non-Conformists Move the World (New York: Penguin, 2016). 《오리지널스: 어떻게 순응하지 않은 사람들이 세상을 움직이는가》(한국경제신문사).

08 Bronnie Ware, The Top Five Regrets of the Dying: A Life Transformed by the DearlyDeparting (Carlsbad, CA: Hay House, 2012).

09 Richard Rohr, Falling Upward: A Spirituality for the Two Halves of Life (San Francisco: Jossey-Bass, 2011).

두 번째 질문_진정한 우정을 갖고 있는가?

01 David Brooks, "Startling Adult Friendships," New York Times, September 18, 2014,https://www.nytimes.com/2014/09/19/opinion/david-brooks-there-are-social-and-political-benefits-to-having-friends.html.

02 창세기 2장 18절(New International Version)

03 Hilary Weaver, "Michelle Obama Has Some Stern Words for Men, Barack Included,"Vanity Fair, November 1, 2017,https://www.vanityfair.com/style/2017/11/ michelle-obama-has-some-stern-words -for-men.

04 Jessica Stillman, "Loneliness: An Under-Diagnosed Epidemic Among New CEOs," Inc.,January 20, 2012, https://www.inc.com/jessica-stillman /loneliness-an-under-diagnosed-epidemic-among-new-ceos.html.

05 James D. Jameson and James C. Bottomley, Across the Bars: Letters Between Two Friends(Del Mar, CA: Wolfhouse Press, 2018).

06 Chris Pomorski, "'I Really Feel Most Comfortable in Prison': A Hedge Fund Ex-Con Finds It's Hard Coming Home to Greenwich," Vanity Fair, July 2, 2019, https://www.vanityfair.com/news/2019/07/hedge -fund-manager-chip-skowron-on-life-after-prison.

07 Olivia Laing, The Lonely City: Adventures in the Art of Being Alone (New York: Picador, 2016).

08 George E. Vaillant, Triumphs of Experience: The Men of the Harvard Grant Study (Cambridge, MA: Belknap, 2012), p. 27. 《조지 베일런트 행복의 비밀》(21세기북스).

09 Steve Franklin and Lynn Peters Adler, Celebrate 100: Centenarian Secrets to Success in Business and Life (Hoboken, NJ: Wiley, 2013).

10 John T. Cacioppo and William Patrick, Loneliness: Human Nature and the Need for Social Connection (New York: W. W. Norton, 2008). 《인간은 왜 외로움을 느끼는가》(민음사).

11 Gail Sheehy, Understanding Men's Passages: Discovering the New Map of Men's Lives (New York: Random House, 1998).

12 Thomas Merton, No Man Is an Island (New York: Image Books, 1967).

13 잠언 27장 17절(New King James Version)

14 Daryl Davis, "I Wanted to Understand Why Racists Hated Me. So I Befriended Klansmen," Washington Post, September 29, 2017, https://www.washingtonpost.com/outlook/i-wanted-to-understand-why-racists hated-me-so-i-befriended-klansmen/2017/09/29/c2f46cb8-a3af-11e7-b14f-f41773cd5a14_story.html.

15 Dinah Maria Mulock Craik, A Life for a Life (1859: Project Gutenberg, 2015), vol. 2, http://www.gutenberg.org/ebooks/48482.

16 C. S. Lewis, The Weight of Glory (New York: Macmillan, 1949).《영광의 무게》(홍성사).

세 번째 질문_삶에 감사하는가?

01 Robert A. Emmons and Michael E. McCullough, "Counting Blessings Versus Burdens: An Experimental Investigation of Gratitude and Subjective Well-Being in Daily Life," Journal of Personality and Social Psychology 84, no. 2 (February 2003): 377-89, https://greatergood.berkeley.edu/images/application_uploads/Emmons-CountingBlessings.pdf.

02 Randolph Wolf Shipon, "Gratitude: Effects on Perspectives and Blood Pressure of Inner-City African-American Hypertensive Patients" (PhD diss., Temple University, 2007).

03 Summer Allen, "The Science of Gratitude," Greater Good Science Center, May 2018, https://ggsc.berkeley.edu/images/uploads/GGSC-JTF_White_Paper-Gratitude-FINAL.pdf.

04 창세기 2장 18-19절(NIV).

05 Kenneth Blanchard and Spencer Johnson, The One Minute Manager (New York: William Morrow, 1982).《1분 경영》(21세기북스).

06 Kyle Benson, "The Magic Relationship Ratio, According to Science," Gottman Institute, October 4, 2017, https://www.gottman.com/blog/the-magic-relationship-ratio-according-science.

07 Blaise Pascal, Pensees (New York: Penguin Classics, 1995), 37.《팡세》(민음사).

08 Timothy D. Wilson et al., "Just Think: The Challenges of the Disengaged Mind," Science 345, no. 6192 (July 4, 2014): 75-77, https://science.sciencemag.org/content/345/6192/75.

09 David Brooks, "The Structure of Gratitude," New York Times, July 28, 2015, https://www.nytimes.com/2015/07/28/opinion/david-brooks-the-structure-of-gratitude.html.

10 Daniel Simons and Christopher Chabris, "The Invisible Gorilla," 2010, http://www.theinvisiblegorilla.com/gorilla_experiment.html.

11 Paul Dolan, Happiness by Design (New York: Hudson Street Press, 2014).

네 번째 질문_용서하고 봉사하는 법을 알고 있는가?

01 Robert A. Emmons, Thanks! How Practicing Gratitude Can Make You Happier (Boston: Houghton Mifflin, 2008).

02 Kate Murphy, "The Futility of Vengeance," New York Times, February 7, 2015, https://www. nytimes.com/2015/02/08/sunday-review/the-futility-of-vengeance.html.

03 Murphy, "Futility of Vengeance."

04 Allen Kurzweil, Whipping Boy: The Forty-Year Search for My Twelve-Year-Old Bully (New York: HarperCollins, 2015).

05 Elahe Izadi, "The Powerful Words of Forgiveness Delivered to Dylann Roof by Victims' Relatives," Washington Post, June 19, 2015, https://www .washingtonpost.com/news/post-nation/wp/2015/06/19/hate-wont - win-the-powerful-words -delivered-to-dylann-roof-by-victims-relatives.

06 Charles Duhigg, The Power of Habit: Why We Do What We Do in Life and Business (New York: Random House, 2012).《습관의 힘》(갤리온).

07 Michael Gerson, "Trump's Toxic Temperament Should Disqualify Him from the Presidency," Washington Post, January 28, 2016,http://www.washingtonpost.com/opinions/trumps-toxic-temperamentshould-disqualify-him-from-the-presidency/2016/01/28/1c1a7992-65e8-11e5-8965-0607e0e265ce_story.html.

08 Malcolm Gladwell, David and Goliath (New York: Little, Brown, 2013), chap. 8.《다윗과 골리앗》(21 세기북스).

09 마태복음 18장 21-22절(NKJV)

10 에베소서 4장 32절(NKJV)

11 마태복음 16장 25절(NKJV)

12 Ariel Knafo and Shalom H. Schwartz, "Accounting for Parent-Child Value Congruence: Theoretical Considerations and Empirical Evidence," Cultural Transmission: Psychological, Developmental, Social, and Methodological Aspects (Cambridge, MA: Cambridge Univ. Press, 2008), pp. 240 - 68.

13 Karen Caplovitz Barrett, Carolyn Zahn-Waxler, and Pamela M. Cole,"Avoiders vs.Amenders: Implications for the Investigation of Guilt and Shame During Toddlerhood," Cognition and

Emotion 7, no. 6(1993): 481 – 505.

14 V. J. Periyakoil, "Writing a 'Last Letter' When You're Healthy," New York Times, September 7, 2016, https://www.nytimes.com/2016/09/07/well/family/writing-a-last-letter-before-you-get-sick.html.

다섯 번째 질문_성공과 실패의 개념을 정의할 수 있는가?

01 Michael Lewis, The New New Thing (New York: W. W. Norton, 2000). 《뉴뉴씽: 세상을 변화시키는 힘》(굿모닝미디어).

02 Belinda Luscombe, "Do We Need $75,000 a Year to Be Happy?," Time, September 6, 2010, http://content.time.com/time/magazine/article/0,9171,2019628,00.html.

03 Stephen M. Pollan and Mark Levine, Die Broke: A Radical Four-Part Financial Plan (New York: HarperBusiness, 1997).

04 Eric Barker, "Wondering What Happened to Your Class Valedictorian? Not Much, Research Shows," Money, May 18, 2017, http://money.com/money/4779223/valedictoria-success-research-barking-up-wrong.

05 Johannes Haushofer, "CV of Failures," https://www.princeton.edu/~joha/Johannes_Haushofer_CV_of_Failures.pdf.

06 잠언 23장 7절(NKJV).

07 J. K. Rowling, "The Fringe Benefits of Failure, and the Importance of Imagination," Harvard Gazette, June 5, 2008, https://news.harvard.edu/gazette/story/2008/06/text-of-j-k-rowling-speech.

08 Clayton M. Christensen, "How Will You Measure Your Life?," Harvard Business Review, July – August 2010, https://hbr.org/2010/07/how-will-you-measure-your-life.

09 요한복음 16장 33절(NIV).

10 JoAnn Milivojevic, "Bounce Back from Adversity," UCLA Health's Healthy Years 13, no. 2 (December 2016), https://universityhealthnews.com/topics/stress-anxiety-topics/bounce-back-from-adversity.

11 American Psychological Association, "The Road to Resilience," https://www.apa.org/helpcenter/road-resilience.

12 Victor Goertzel and Mildred G. Goertzel, Cradles of Eminence: A Provocative Study of the Childhoods of Over 400 Famous Twentieth-Century Men and Women (New York: Little, Brown,

1962),《세계적 인물은 어떻게 키워지는가》(뜨인돌출판사).

13 Mark D. Seery et al., "Whatever Does Not Kill Us: Cumulative Lifetime Adversity, Vulnerability, and Resilience," Journal of Personality and Social Psychology 99, no. 6 (December 2010): 1025 – 41, https://psycnet.apa.org/buy/2010-21218-001.

14 Kelly McGonigal, "How to Make Stress Your Friend," TEDGlobal 2013, https://www.ted.com/talks/kelly_mcgonigal_how_to_make_stress_your_friend?language=en.

15 M. Scott Peck, The Road Less Traveled (New York: Simon & Schuster, 1978).《아직도 가야 할 길》(열음사).

16 Carol Graham and Julia Ruiz Pozuelo, "Happiness, Stress, and Age: How the U-Curve Varies across People and Places," Journal of Population Economics 30, no. 1 (January 2017): 225 – 64, doi.org/10.1007/s00148-016-0611-2.

여섯 번째 질문_위험을 기꺼이 수용할 수 있는가?

01 Margot Machol Bisnow, Raising an Entrepreneur: 10 Rules for Nurturing Risk Takers, Problem Solvers, and Change Makers (Oakland, CA: New Harbinger, 2016).

02 David Dobbs, "Restless Genes," National Geographic, January 2013,https://www.nationalgeographic.com/magazine/2013/01/restless-genes.

03 Dobbs, "Restless Genes."

04 Dobbs, "Restless Genes."

05 "Oldest Yoga Teacher: GWR Classics," https://www.youtube.com/watch?v=dZR7zB32vVs.

06 Robert Biswas-Diener and Todd B. Kashdan, "What Happy People Do Differently," Psychology Today, July 2, 2013, https://www.psychologytoday.com/us/articles/201307/what-happy-people-do-differently.

07 Studs Terkel, Will the Circle Be Unbroken? Reflections on Death, Rebirth, and Hunger for a Faith (New York: New Press, 2001).《여러분, 죽을 준비 했나요?》(이매진).

08 마태복음 25장14-30절(NKJV).

09 Adam Grant, Originals: How Non-Conformists Move the World (New York: Penguin, 2016).

10 Jean Case, "The World Needs Us to Be Fearless," Case Foundation, February 28, 2012, https://casefoundation.org/blog/world-needs-us-fearless.

일곱 번째 질문_더 나은 삶을 살기 위해 노력하는가?

01 Gillian Tett, The Silo Effect: The Peril of Expertise and the Promise of Breaking Down Barriers (New York: Simon & Schuster, 2015).

02 Tett, The Silo Effect.

03 Lauren Vesty, "Millennials Want Purpose over Paychecks. So Why Can't We Find It at Work?" Guardian, September 14, 2016, https://www.theguardian.com/sustainable-business/2016/sep/14/millennials-work-purpose-linkedin-survey.

04 Miya Tokumitsu, "In the Name of Love," Jacobin, January 12, 2014, https://www.jacobinmag.com/2014/01/in-the-name-of-love.

05 Gordon Marino, "A Life Beyond 'Do What you Love,'" New York Times, May 17, 2014, https://opinionator.blogs.nytimes.com/2014/05/17.

06 Steve Crabtree, "Worldwide, 13% of Employees Are Engaged at Work," Gallup, October 8, 2013, https://news.gallup.com/poll/165269/worldwide-employees-engaged-work.aspx.

07 창세기 1장 10, 12, 18, 21, 25, 31절(NKJV).

08 Studs Terkel, Working (New York: Pantheon, 1974).《일》(이매진).

09 Robert E. Quinn and Anjan V. Thakor, "Creating a Purpose-Driven Organization," Harvard Business Review, July - August 2018, https://hbr.org/2018/07/creating-a-purpose-driven-organization.

10 David F. Larcker and Brian Tayan, "2018 CEO Activism Survey," Stanford Graduate School of Business and the Rock Center for Corporate Governance, https://www.gsb.stanford.edu/sites/gsb/files /publication-pdf/cgri-survey-2018-ceo-activism.pdf.

11 "Excerpts from the DealBook Conference," New York Times, November 14, 2017, https://www.nytimes.com/2017/11/14/business/dealbook/excerpts-dealbook-conference.html.

12 Erica Keswin, Bring Your Human to Work (New York: McGraw-Hill Education, 2018).

13 Nathaniel Koloc, "What Job Candidates Really Want: Meaningful Work," Harvard Business Review, April 18, 2013, https://hbr.org/2013/04/what-job-candidates-really-wan.

14 "KPMG Purpose," KPMG Advisory, accessed November 21, 2019, https://advisory.kpmg.us/insights/future-hr/future-hr-purpose-culture/kpmg-purpose.html.

15 Walter Isaacson, Leonardo da Vinci (New York: Simon & Schuster, 2017).《레오나르도 다빈치》(아르테).

16 Marily Oppezzo and Daniel L. Schwartz, "Give Your Ideas Some Legs: The Positive Effect of Walking on Creative Thinking," Journal of Experimental Psychology: Learning, Memory and Cognition 40, no. 4(April 2014): 1142 – 52, https://www.apa.org/pubs/journals/releases/xlm-a0036577.pdf.

17 Winston L. Churchill, Painting as a Pastime (London: Odhams Press, 1948).

18 Churchill, Painting as a Pastime.

19 Desmond Tutu and Mpho Tutu, The Book of Forgiving: The Fourfold Path for Healing Ourselves and Our World (San Francisco: HarperOne, 2014).

20 William Deresiewicz, "Don't Send Your Kid to the Ivy League: The Nation's Top Colleges Are Turning Our Kids into Zombies," New Republic, July 21, 2014, https://newrepublic.com/article/118747/ivy-league-schools-are-overrated-send-your-kids- elsewhere.

21 David Brooks, "Becoming a Real Person," New York Times, September 8, 2014, https://www.nytimes.com/2014/09/09/opinion/david-brooks-becoming-a-real-person.html.

22 Arthur Isak Applbaum, "Professional Detachment: The Executioner of Paris," Harvard Law Review 109, no. 2 (December 1995): 458–86 doi:10.2307/1341979.

23 W. H. Auden, The Shield of Achilles (New York: Random House, 1955), Horae Canonicae, "Sext," lines 1–10.

24 Andrew Steptoe, Angus Deaton, and Arthur A. Stone, "Subjective Wellbeing, Health, and Ageing," The Lancet, November 5, 2014,https://www.thelancet.com/journals/lancet/article/PIIS0140-6736(13)61489-0/fulltext.

25 Stewart D. Friedman, syllabus for "Executive Leadership," spring 2016, Wharton School of the University of Pennsylvania, https://syllabi-media.s3.amazonaws.com/prod/2016A-MGMT671001-86b50671.pdf.

여덟 번째 질문_남길 만한 유산이 있는가?

01 Paula Span, "Death Be Not Decaffeinated: Over Cup, Groups Face Taboo," New York Times, June 16, 2013, https://newoldage.blogs.nytimes.com/2013/06/16/death-be-not-decaffeinated-over-cup-groups-face-taboo/.

02 Span, "Death Be Not Decaffeinated."

03 Jack London, Jack London's Tales of Adventure, ed. Irving Shepard (New York: Doubleday, 1956), p. vii.

04 Stephen R. Covey, The 7 Habits of Highly Effective People (New York: Free Press, 1989).《성공하는 사람들의 7가지 습관》(김영사).

05 "Andrew Carnegie Becomes a Capitalist, 1856," Eyewitness to History, 2007, http://www. eyewitnesstohistory.com/carnegie.htm.

06 William Wilberforce, William Wilberforce: Greatest Works (Alachua, FL: Bridge-Logos, 2007), p. 10.《윌리엄 윌버포스의 위대한 유산》(요단출판사).

07 Wilberforce, William Wilberforce: Greatest Works, p. 17.

08 Dietrich Bonhoeffer, Dietrich Bonhoeffer's Prison Poems, ed. and trans. Edwin H. Robertson, 2nd ed. (Grand Rapids, MI: Zondervan, 2005), p. 41.

09 고린도전서 15절 10절(NKJV).

10 Thomas Merton, Thoughts in Solitude (New York: Farrar, Straus and Cudahy, 1958).《고독 속의 명상》(성 바오로출판사).

결론_당신의 길을 찾아가라

01 J. B. Phillips, New Testament Christianity (London: SCM Press, 1956; Eugene, OR: Wipf and Stock, 2012).

여덟 가지
인생 질문

초판 1쇄 발행일   2020년 11월 10일
초판 2쇄 발행일   2020년 11월 25일

지은이   J. 더글러스 홀러데이
옮긴이   안종희
펴낸이   유성권

편집장   양선우
책임편집   윤경선   편집   신혜진 백주영
해외저작권   정지현   홍보   최예름 정가람   디자인   박정실
마케팅   김선우 박희준 김민석 박혜민 김민지
제작   장재균   물류   김성훈 고창규

펴낸곳   ㈜이퍼블릭
출판등록   1970년 7월 28일, 제1-170호
주소   서울시 양천구 목동서로 211 범문빌딩 (07995)
대표전화   02-2653-5131 | 팩스 02-2653-2455
메일   milestone@epublic.co.kr
포스트   post.naver.com/epublicmilestone

마일스톤 은 (주)이퍼블릭의 경제경영 · 자기계발 · 인문교양 브랜드입니다.

이 도서의 국립중앙도서관 출판예정도서목록(CIP)은 서지정보유통지원시스템 홈페이지(http://seoji.nl.go.kr)와
국가자료공동목록시스템(http://www.nl.go.kr/kolisnet)에서 이용하실 수 있습니다. (CIP제어번호: CIP2020040085)